阅读成就思想……

Read to Achieve

聪明者学习系列

社会情感学习经典入门

EFFECTIVE INTERACTION

［芬］凯·马库斯·塔尔维奥（Kai Markus Talvio）
乌拉·克里斯蒂纳·克莱莫拉（Ulla Kristiina Klemola） ◎著
吴小波 ◎译　王雪亘 ◎审译

中国人民大学出版社
·北京·

图书在版编目（CIP）数据

社会情感学习经典入门 / （芬）凯·马库斯·塔尔维奥（Kai Markus Talvio），（芬）乌拉·克里斯蒂纳·克莱莫拉（Ulla Kristiina Klemola）著；吴小波译. -- 北京：中国人民大学出版社，2025. 3. -- ISBN 978-7-300-33725-8

Ⅰ．G44

中国国家版本馆 CIP 数据核字第 2025XD3034 号

社会情感学习经典入门

［芬］凯·马库斯·塔尔维奥（Kai Markus Talvio）　著
　　　乌拉·克里斯蒂纳·克莱莫拉（Ulla Kristiina Klemola）

吴小波　译
王雪亘　审译

SHEHUI QINGGAN XUEXI JINGDIAN RUMEN

出版发行	中国人民大学出版社		
社　　址	北京中关村大街31号	邮政编码	100080
电　　话	010-62511242（总编室）	010-62511770（质管部）	
	010-82501766（邮购部）	010-62514148（门市部）	
	010-62511173（发行公司）	010-62515275（盗版举报）	
网　　址	http://www.crup.com.cn		
经　　销	新华书店		
印　　刷	天津中印联印务有限公司		
开　　本	890 mm×1240 mm　1/32	版　次	2025年3月第1版
印　　张	7　插页 1	印　次	2025年6月第2次印刷
字　　数	130 000	定　价	69.90元

版权所有　　　侵权必究　　　印装差错　　　负责调换

赞誉

当人的生存活动在当代对世界的终极追问由自然转向社会时，人之为人的"本质"也必然合乎逻辑地转向关注培养个人与他人"共在"，并不断地向他人开放"结缘"的社会关系效果的社会情感能力。不过，其并非与生俱来，需要系统地学习和练习才能获得。《社会情感学习经典入门》一书系统地梳理了社会情感能力的核心技能，为提高相应能力提供了行之有效的技能和方法。

毛亚庆
北京师范大学教授、博士生导师
"社会情感学习丛书 教育部－联合国儿童基金会社会情感学习项目系列"《社会情感学习培训手册》主编

在 AI 时代，拥有良好的自我意识、社会意识，丰富的社会情感以及广泛的人际关系网络，无疑是我们普通人能与 AI 互补的重要素养。作为社会人，如何才能获得丰盈的社会情感？有没有方法能帮助我们在自我意识和社会意识中找到平衡，使之相得益彰？《社会情感学习经典入门》一书所介绍的核心技能，能大大减少我们在社会交往中的波折。我就是这项技能的受益者，它也成了我收获幸福生活、实现事业再发展的关键因素。

王 蕙
广东省中小学德育研究会副秘书长
教师效能训练（T.E.T.）资深讲师

今天的孩子步入社会时，不仅需要掌握丰富的学科知识，还需要有足够的社会情感技能，能积极地认识自我、顺畅地进行人际交往，敢于面对困难，做出负责任的决定。实际上，不仅仅是孩子，每个人都要学一些社会情感技能，以便更加了解和接纳自己，拥有更高品质的人际关系。《社会情感学习经典入门》一书不仅展示了社会情感学习的理论框架，还提供了与之配套的系列实用沟通工具，帮助我们在工作和生活中落地实操，开启改变的可能。

郑正文

父母效能训练（P.E.T.）资深讲师

《孩子的内驱力》一书作者

在人生的旅途中，构建良好的人际关系不仅是提升个人影响力、拓展人脉资源、实现自我价值的重要途径，更是我们内心深处的一种深切渴望。作为社会性动物，我们正是在各种关系中认识自我、理解他人，并从中感受温暖与幸福的。良好人际关系的构建，离不开社会情感学习。这一过程始于自我认知的建立，途经对他者的关注和理解，逐步形成社会意识，最终融入"我们"的世界，收获深厚的情感联结和丰富的人生体验。

如果你渴望掌握构建良好人际关系的方法，那么《社会情感学习经典入门》这本书不容错过。它不仅提供了具体的方法论，还给出了很多实用的工具，是一本极具价值的人生指南。

王人平

教育学者

推荐序一
Effective Interaction

在你的身边,有这样的社交达人和沟通高手吗?我们通常会这样形容他们:

- 无论是在生活中还是在工作中,他对各种关系的处理都游刃有余、得心应手;
- 她很能与别人共情,好像会读心术,总能说出别人的心里话;
- 他情商好高,既顾及了领导的面子,又照顾了下属的心情;
- 她真的是一个内核稳定、内心强大的人;
- ……

你的身边有这样的人吗?

- 她是大家眼中的老好人，没有界限感，总是隐忍受委屈，可一旦爆发就会失控；
- 他是典型的暴脾气，一点就着，没法和别人好好说话；
- 她是个话痨，一开口就说个不停，从不顾及旁人的感受；
- 他说自己是个"社恐"、是个"I人"[①]，还说自己天生嘴笨、不善言辞；

　……………

他们可能会说："我就是这个脾气性格，改不了。"

请你再反思一下自己，你觉得你是社交达人和沟通高手吗？

无论你目前的社交能力和沟通能力如何，我都想告诉你一个好消息：**社交达人和沟通高手不是天生的，而是可以练成的**。是的，我们可以找到恰当的、系统的方法，通过学习和一段时间的刻意练习，成为社交达人和沟通高手。

你面前的这本《社会情感学习经典入门》，就是一本关于练就社交达人和沟通高手的"通关秘籍"。本书有这样几个特点。

第一，以人为本，积极正向。

本书的理论基础源自人本主义心理学家托马斯·戈登（Thomas

---

① I人指性格内敛、内向的人，这个词汇源自MBTI人格测试，与之对应的是E人。

Gordon）博士。人本主义心理学认为，每个人都有内在的动力去发展自己的潜力，追求自我成长和自我实现；要关注积极的人性品质，比如，善良、友爱、责任感等。

第二，框架清晰，适用性广。

戈登博士有一项重大的贡献，就是把专业的人本主义心理学的咨询技巧变成了普罗大众都可以使用的沟通技巧。他著作颇丰，但他的书都是面向某个特定的关系，比如父母效能训练（Parent Effectiveness Training，P.E.T.），主要是针对亲子关系的沟通理念和技巧。

这本书与之不同。本书的第一作者凯·马库斯·塔尔维奥来自以教育见长的芬兰，始终工作在教育一线，他还是戈登沟通模式培训课程的国际认证的资深督导。在多年的教学、培训和自身实践中，他完全认可戈登博士提出的效能训练（Effectiveness Training，E.T.）与社会情感学习（Social and Emotional Learning，SEL）的整合模型，并以此模型为核心写了这本书。这个整合模型框架清晰，适用于各类人际关系和沟通情境，包括亲子关系、亲密关系、亲友关系、工作关系和其他社会关系等。在过去60多年，全球有数百万人学习戈登沟通模式并从中受益。

第三，界面友好，落地性强。

本书以清晰易懂的方式介绍了每项技能，并配有生活场景中的案例；文中穿插了"思考"专栏，引发读者的独立思考和深度探索；附上了学员的真实反馈，让读者更有代入感，更加确信自己也可以做到。

这本书和我推荐的其他书籍一样，有一个特点：**这样的书不是用来随手翻翻、随便看看的，而是用来实践的**。读罢书中的案例，你也可以代入自己的生活场景，思考你遇到这样的情况将会如何处理。书中介绍的沟通技能，务必在实际生活中勤加操练。如果运用得当，就要记得多给自己赞美和肯定；如果感到难以施展或者效果不理想，就说明这是你提升沟通技能的关键时刻，不要放弃，而是要及时总结复盘，重新再来。

假以时日，刻意练习的功效就会显现，新的沟通模型就会内化成为人处世、待人接物的日常模式。

马库斯既是我的督导老师，也是我的好朋友。在和他的相处中，我常常感受到温暖的关怀、细心的呵护。我身边的学员和讲师也告诉我，马库斯的平易近人让他们在学习的过程中体验到信任和自由。一方面，他从不吝啬给予他人欣赏、赞美和肯定；另一方面，当他有不满的时候，他可以用友善、无伤害的方式进行表达。一方面，他擅长倾听；另一方面，在面对多方的诉求时，他总能以共赢的思路来解决问题。可以说，他做到了知行合一，也可以说，他就是我身边的社交达人和沟通高手，是我的榜样。

本书的译者吴小波是一名大学老师，曾参加过马库斯和我带领的效能训练的讲师课程。无论是在工作中还是在家庭生活中，她都在身体力行，也在积极教学。她从这套体系中受益颇多，也见证了数百位学生在社交和沟通方面的突破和进步，深感欣慰。

最后，也许你会好奇，如果按照本书的方式来践行，那么将会拥有怎样的关系呢？

我们可以从戈登博士的人际关系信条中找到答案：

在这种方式中，你能成为一个满足自己需求而且持续成长的个体，而我也同样可以。因此，我们能够拥有一种健康的关系，彼此都能发挥自己的潜能。在相互尊重、爱以及和平的氛围中，我们彼此相处并建立持久的联结。

祝你也拥有这样美好的关系！

微微辣
父母效能训练（P.E.T.）国际资深督导
2024 年 12 月 18 日

推荐序二
Effective Interaction

社会情感学习是近年来风靡世界的旨在提升教育质量和促进学生适应 21 世纪学习、生活以及未来工作的重要教育理论与教学实践活动，也是当下体现中国教育发展方式转变、促进教育内涵发展、提升学生全面发展质量的重要途径。社会情感学习模型至今已经在全球广为流传了很长时间，但国内外就如何发展社会情感学习不同核心技能的信息却相对很少。而你手头拿着的这本《社会情感学习经典入门》恰好弥补了这个空白。因此，我非常推荐这本书，它不仅系统阐述了社会情感学习模型及其五个核心技能，更是首次就如何发展这些核心技能，以一种非常深入和具体的方式，引入了闻名全球的戈登的社交与情感技能工具，将帮助读者极易落地地深化和拓展社会情感学习，更有效地获得影响我们一生幸福和成功的关键能力。

　　本书开篇就破除了社交与情感技能的"天生论",通过综合研究成果告诉我们社交与情感技能并非与生俱来,而是可以通过系统学习和练习获得的。所以,哪怕你总是说"我天生就不擅长社交",也可以通过本书实现后天"改命"。认识到这一点,对每个人尤其是教育工作者具有深刻的意义。作为一名长期从事职业院校管理和高技能人才成长规律的教育工作者、研究者,我深知,被视为"21世纪工作与生活技能"重要组成部分以及当今教育核心要素的社交与情感技能,如今比以往任何时候都变得更加重要。从个人的角度来看,社交与情感技能毫无疑问应成为每个人学习成长的一部分;对于教育者和学校而言,社交与情感技能毋庸置疑应像其他课程知识一样,作为一种能教授给学生的核心能力。这本书的出版,可以说为我们通过社交与情感技能实现社会情感学习的"可教授""可习得"打开了一扇敞亮的大门。

　　作为一名教育工作的扎根者,随着本书踏入全新社会情感学习维度的社交与情感技能学习之旅,可以说既是对 21 世纪教育使命的奔赴,亦是对教育初心的回归——教育教学要如何唤醒学习者的学习内在动机,尤其是终身学习的内在动机?对于这个问题的答案,书中进行了系统和鲜明的展现:倘若教师习得并具备了良好的社交与情感技能(比如,本书中提到的倾听、我信息、避免绊脚石、换挡、双赢法、价值观冲突解决法，等等），并能运用到具体的教育教学过程中，包括本书中提到的教学目标的制定、教学流程的组织、学习团队的变革、师生关系的构建、校园冲突的化解、教学评价的改革等之中，能显著地帮助学生发展他们的自我意识与社会意识，提升其自我管理、社交情感与负责任决策的能力，使其真正体验到学习过程的联结感、自主感、胜任感（即自我决定论中内驱力三角模型），从而从内心油然生发出求知欲，切实收获学习过程中的快乐和满足。这自然是我们每一位教育工作者的初心和使命，但这一切的实现，身教的影响力远远大于言传！那就让我们从翻开这本书开始吧，从自身的学习和践行开始吧，这才是我们向学生传达的最可靠方式。

纵观我国，2011年起，教育部与联合国儿童基金会合作引入了"社会情感学习"项目，促进学生对自我、他人与集体的认知与管理的意识、知识和技能的提升，创设了我国基础教育学校深化改革、促进学生全面发展的教育新模式。2014年起，教育部与联合国儿童基金会合作，引入了"青少年生活技能开发"项目（2021年起的新周期更名为"青少年核心能力提升"项目），致力于帮助职业院校学生在自我认知、情绪管理、人际关系、问题解决等核心能力方面实现提升，支持青少年成为未来的创新者与变革者。在全球教育由注重认知转向关注情感的发展态势下，我国社会情感学习、青少年核心能力提升等教育项目的推进，可以说正是对教育"情感转向"的积极回应，同时也任重道远，需要我们每位教育工作者携手共同参与、积极行动。这本《社会情感学习经典入门》从社会情感学习五个维度所整合的戈登模型社交与情感技能工具，恰逢其时地为我们提供了与时俱进的教育思维与实践路径，赋能教育者更有效地习得和教授社交与情感技能，为推动儿童和青少年的全面发展、幸福健康和终身成长贡献智慧。

值得一提的是，本书的译者吴小波恰是我校正在试点的教育部和联合国儿童基金会"青少年核心能力提升"教育项目校内团队的领头人。她本人经由多年学习、践行戈登的社交与情感技能经历，不断地和其他教师一起试验探索将其融合运用到"青少年核心能力提升"系列课程、大学生心理健康教育课程等中，助力学校高技能人才的培养，这正是我们广大的教育工作者从自身开始的一个缩影。相信未来，经由本书的出版，将助力越来越多的教育工作者学习践行并进而推动社会情感学习的普及，推动社交与情感技能的普及。

所以，亲爱的读者，如果你对幸福成长和美好生活很有追求，就来看看本书吧，书中所呈现的社会情感学习各维度的社交与情感技能一定对你大有裨益。如果你对社交与情感技能学习还有困惑和迟疑，也来看看本书吧，本书中提供的导航图，不仅是理论框架还是实用工具，将会为你指明方向；书中诸多鼓舞人心的研究成果，以及那些人们学习践行的真实经历、成功反馈定会让你激越奋发。无论你目前还是将来从事什么行业，阅读本书都能帮助你学到更多。

王雪亘
嘉兴南洋职业技术学院党委书记、校长，教授
职业院校管理和高技能人才成长规律研究者
2025 年 1 月 15 日

中文版序

Effective Interaction

我对社会情感学习的兴趣已持续超过 30 年。当我从芬兰赫尔辛基大学毕业并开始第一份工作时,教师们有着丰富的接受继续教育机会。当时,雇主非常支持教师进修,不仅提供培训费用,还承担因教师进修而请代课教师的费用,这为教师们提供了广泛的学习选择和发展机会。不久后,我便开始为我参加的戈登课程培训讲师。最初,我的培训工作仅限于芬兰,后来逐渐收到了芬兰以外的地方的邀请——先是波罗的海国家,再到欧洲其他地区,后来远至中国。

刚开始在中国工作时,我认为自己作为培训师已经颇具经验。因为我不仅是一名专业教育工作者,还培训过数百人,其中一些人成了讲师,还有一些人则在日常生活中运用所学的社交技能。同时，我还在赫尔辛基大学准备博士论文，研究教师的社交与情感技能。我本以为，我的国际化职业生涯能帮助我更好地理解文化背景如何影响社交技能，尤其是在自我表达方面。我在欧洲进行培训时，已经意识到不同国家之间存在的这种文化差异。然而，由于这种文化差异相对较小，因此当我开始讨论东道国的沟通文化与戈登所在美国文化或芬兰学校文化之间的差异时，我们往往只需列出个别不同之处，就又能继续进行课程了。

然而，当我开始在中国培训时，我立即意识到，在社交技能的教学中融入中国文化背景是一个需要更多关注的问题，远比以前要耗费更多精力。我得到了戈登培训国际公司（Gordon Training International）当地代表的大力支持，他们耐心地回答我提出的问题，给予了我极大的帮助。在中国的培训过程中，我比在欧洲花费了更多的时间来探讨文化差异。我从这些讨论中受益匪浅，我的讲师培训课程也慢慢变得更加吻合中国文化的特点。培训的参与者和翻译老师也帮助我调整课程内容，使其更符合中国的实际情况。我还注意到，在芬兰，学习者通常被期望非常主动；而在中国，教师通常被期望保持主动——不仅要讲解、教授课程内容，还要布置相关任务。学习者的任务则是在教师的引导下，尽可能准确地记忆并吸收课程内容。

还记得第一次在中国上课时，当我看到所有人安静地坐着，拿着笔准备做笔记时，我感到很困惑。后来，当我只做简短的讲解并专注于激发学习者的思考，间接支持他们的元认知时，引起了学员们的困惑。我收到了非常礼貌的反馈，建议我多讲解、多教授、多分享，因为我是远道而来的国际专家。我意识到这与我以往的习惯有所不同。我灵机一动，决定先做一下介绍，说明我打算如何开展这门课程以及为什么这样做。我阐述了自己的学习理念及背后的科学思维。我记得我对这一部分的开发感到非常兴奋。当我呈现我的教学方法背后的科学原理时，我注意到，这一点对中国学员，特别是教师学员，产生了启发作用。他们表示，他们并不是很熟悉社会建构主义思维或积极心理学，或者即使是听说过，也不知道如何将其应用到教学中。许多人在教学中并未促进学生的自我调节，也未能支持学生的自主性，还未使用能够激发学习者的教学方法，尽管他们早已听说过这些方法的有效性，并意识到了它们的重要性。解释社交与情感技能的文化差异性以及教学方法适切性，对我来说是一次非常宝贵的学习经历。更棒的是，在这些问题得到讨论后，我看到学员们变得热情起来，并开始积极参与课程，这让我感到非常欣慰。这种激发参与者积极性的方式，作为惯例在中国的戈登培训课程中延续了下来，尽管现在大多数培训已经由其他人进行。

另一方面，我的芬兰文化背景也起到了积极作用，因为许多中国人和芬兰人在情感表达上有相似之处，至少在面对不太熟悉的人时是这样的。芬兰人通常有些害羞，不太容易表达自己的感受。我对我在课程中遇到的中国学员也有类似的印象，他们需要一些时间才能感到舒适，去分享关于自己的那些重要而有意义的事情。在我的课程中，我花了很多时间去创造一个安全的环境，这本身就是一种社会情感技能。它也是学生能表达自己与课程相关的需求和期望的前提，以确保课程能够最好地服务参与者。看到参与者愿意为创造一个良好和安全的小组氛围做出贡献，我感到十分欣慰。我通常能从每次培训中学到一项新的团队建设活动——来自参与者设计并分享给大家的。这种情况也会出现在我培训芬兰学员时。

同样值得记住的是，社会情感学习具有普遍性，在全球范围内，其发展方式大致相同。自尊和尊重他人是每个人生活中珍视并希望促进的价值观。我们还需意识到，尽管未来所需的技能会随着时间的变化而变化，但与他人相处的能力将始终是一个永恒的话题。因此，能够将这本《社会情感学习经典入门》交到你手中是一件很棒的事情，它将帮助你学习那些现在和未来在全球范围内都非常需要的技能。

凯·马库斯·塔尔维奥

2024 年 12 月 20 日

前言
Effective Interaction

社交在我们的日常生活中无处不在。如果我们沉下心来想一想一天之中与我们交流过的人，就能快速数出几十个与我们说过话的人，或者至少是我们曾关注过的人。我们与他人的互动方式不仅影响着我们对这些交往情境的看法，还影响着交流顺畅的程度。尤其在面临具有挑战性的情况（比如，意见不合、情绪高涨或集体决策）时，社交技能显得尤为重要。如今，无论是招聘活动、课程实施，还是人事管理策略中，社交技能都受到了广泛的重视。

尽管当今社会强调社交技能，但人们往往仍不清楚什么是沟通技能，什么是社交技能，以及如何才能学会这些技能。本书旨在提供一些具体的工具，帮助读者在掌握理论知识的同时提升社交技能。我们的想法是，通过提供一个理论框架以及与之相配套的系列实用工具，帮助读者发展自己生活中的人际关系，提升人际关系中的沟通质量。

在社交技能方面，人们往往会持有一些固有假设，但这些假设并不准确。人们常会用"合拍"来评价一段人际关系，但这是没有科学依据的。**事实上，人与人之间并不存在一种所谓"合拍"的"化学反应"，并由此来决定关系质量**。交流双方也许来自不同的文化背景，有着不同的兴趣爱好、表达方式、价值观和态度（Fogel，1993），所有这些因素都可能使人际沟通变得困难。在交流中，即使面对一个全新的情境，人们往往也会受到自己过去经验的影响，比如，一名下属可能会用对待前上司的方式对待新上司，即使新上司的沟通方式与前上司的截然不同。职业也可能会影响经验，比如，与警察交流可能会唤起人们之前与执法人员打交道的记忆，即使这些警察的行为方式大相径庭。

因此，我们不能将人际关系的质量简单地归因于先天特质或所谓的"化学反应"。尽管人的气质（比如，在新环境中与他人交往的模式）是天生的，并体现在人们的行为中，但周围社会的价值观对特定气质的人如何处理人际关系的影响远大于任何其他因素（Mullola, Hintsanen, & Keltikangas-Järvin- en, 2015）。比如，在美国，人们从小就被教育要在大众场合自信、自然地展现和表达自我，这被视为一项宝贵技能。相比之下，在芬兰，传统的教育方式是让孩子退到幕后、保持低调。不过，如今在芬兰，培养孩子的方式也逐渐倾向于让他们能够发展自己的兴趣。

如果我们认为两个人之间存在所谓的"不合拍"，就很可能不愿意努力改善沟通。不过，我们始终需要记住的重要一点是，**沟通总是可以不断发展和改善的**（Dolev & Leshem，2017）。**有效沟通的基石是真诚地尊重、欣赏自己和他人**。因此，**我们的目标是要了解各方在沟通中的出发点，这归根结底是一个人对待自己和他人的态度问题**。

人们的另一个误解是认为实践经验可以增强社交技能。不过，我们在研究中发现，至少就教师这个职业而言，**工作经验与掌握社交技能之间并不关联**（Talvio，2014；Talvio, Berg, Ketonen, Komulainen, & Lonka，2015；Talvio, Berg, Litmanen, & Lonka，2016）。我们可以明确地说，哪怕是一名刚毕业入职的新教师也同样可以掌握社交技能，而且掌握程度并不逊于有着一辈子教学经验的老教师。这种关于工作经验和社交技能之间有必然联系的顽固错觉是有害的，因为如果人们认为工作经验本身就能积累必要的社交技能，那么职前学习社交技能就显得不那么重要了（Elliott, Stemler, Sternberg, Grigorenko, & Hoffmann，2011）。与还在为琢磨课程大纲内容而发愁的新手教师相比，经验丰富的教师也许的确可以分配更多的时间和精力与学生相处，但这并不等同于他们社交技能的实质性提高。我们中的不少人有过这样的经历：即使经验丰富的教师也会让学生难堪，或对学生进行指责、评判。有大量证据表明，其他与人际关系相关的典型代表职业（比如，经理或医生），尽管有着多年的工作经验，但仍然欠缺社交技能，这样的例子比比皆是。

那些对社交与情感技能感兴趣的人，往往更倾向于选择从事那些可以与他人进行互动的职业。通常来看，教师、护士或心理学家似乎更擅长社交技能，因为他们的职业取向本就是致力于帮助他人。他们对尊重他人和不断发展自我社交技能抱有正确的认知和态度，因此学习起来相对会更快。虽然在社交技能学习方面，不同职业的人起点可能会不同，但研究表明，从事上述职业的每个人都能从诸多方面受益于社交技能培训（Aspegren，1999；Brown & Bylund，2008，Klemola，2009；Talvio，2014；Taormina & Law，2000）。

有效沟通的益处在一些非传统的人际关系专业领域也得到了认可。比如，研究人员群体会因具备良好的社交技能而获益匪浅，因为当今的研究工作越来越多地依赖团队合作。来自不同文化背景的团队成员往往需要在虚拟环境等条件下会面，这样的方式无疑为沟通带来了挑战。技术领域的专家（比如游戏开发人员）也经常在团队中工作，团队间的相互合作是成功的重要前提。

任何职业领域都需要社交技能，因为几乎没有哪个工作不涉及与他人协作。因此，无论从事何种职业，每个人都应该有机会学习社交技能。事实上，随着信息技术的日益普及，技术大大简化了交流方式，地理距离所带来的限制已经被打破，人与人之间的互动变得更加频繁。正因如此，社交技能被视为"21世纪工作与生活技能"的重要组成部分（Lonka et al., 2018；Trilling & Fadel, 2009）。在芬兰，社交技能也是芬兰《基础教育国家核心课程》（*National Core Curriculum for comprehensive education*）的基石（Finnish National Agency for Education, 2016）。

长久以来，父母一直在寻求对孩子进行社交技能的教育的帮助。许多参加社交技能培训的父母往往会提及这样的一个矛盾：他们发现自己在与最亲近的人交流时，反而会使用最不具建设性、最无理和最粗暴的表达方式。未学习过社交技能的父母往往会为自己的育儿方式感到内疚，因为他们觉得自己正在毁掉与孩子共度的那些珍贵而有限的时光。接受过社交技能培训的父母则能意识到，**在亲子关系中，父母和孩子的情感和需求都能够得以考虑，而不是被掩盖**。掌握了一定的社交技能，父母将会习得一种针对孩子行为而非孩子个性的干预方式，这对解决亲子冲突大有裨益。与此同时，孩子将在这样一个安全的成长环境中学到对其成年生活至关重要的宝贵决策技能。

无论是在工作、家庭还是学校，成功的沟通往往会自然而然地进行，以至于我们几乎不会过多留意。这可能是因为我们已经掌握了在这些情境中恰当表现的技巧，所以这些情境并未在我们的脑海中留下深刻印象。在成功的人际交往中，我们不会只局限于单一的交流方式（比如陈述事实），而是可能会开玩笑、提问、停下思考或给出建议等。此外，我们还可能进行辩论和倾听。这些都是合适的沟通方式，我们会根据情境和对方的需要自然而然地选择。一般来说，没有人会在事故现场开玩笑！**我们在沟通情境中体验到的情感，对我们选择何种交流方式起到了至关重要的作用**。情绪的影响几乎是即时的，因此我们会很自然地根据当前情境选择合适的回应方式。

沟通总是相互的：双方在交流中都会带来影响彼此的因素。成功的人际交往离不开所有参与者的共同努力，也与每个参与者在其中感受到的被尊重体验密切相关；反之亦然，即负面的情感体验会阻碍沟通的进行。**在沟通中，情感往往是会"传染"的**。在成功的人际沟通中，人们会感觉到相互理解、心有灵犀（Goleman，2007）。

成功的人际交往还会受到社会环境的影响，因为社会环境决定了其文化所认可的行为方式。比如，在许多中东国家，异性之间的交流方式与西方截然不同，但对当地人而言，这是在自己的文化背景中自然习得的。**文化价值和风俗习惯塑造了我们的情感，并以此来调节我们的交往方式。**

尽管人们通常能够根据社交场合娴熟地选择合适的沟通方式，但失误在所难免。我们都会经历"说错话"的尴尬时刻。这就是为什么一个擅长沟通的人还需要掌握道歉艺术。**反思社交中的失误并从中学习，是我们成长的一部分。**

在社交中的行为方式不仅可以通过实践经验来培养，还可以通过其他方式进行提升。有意识地学习社交技能能帮助我们识别不同的交往情境，并以尊重自己和他人的方式行事。当我们身处没有困扰的情境时，可以自由运用自出生以来在社会环境中学到的各种社交技能。而当面对复杂或微妙的情境时，我们能够知道如何正确使用我们所学到的沟通工具，并避免使用那些我们在没有困扰的情境中可能会轻易采用的沟通方式。

在面临挑战性的情况下，使用社交技能是十分恰当的。因为一旦处理不当可能就会导致问题恶化，甚至关系断裂。然而，在日常生活中，我们也可以运用沟通工具来预防问题的发生。尽管在没有困扰的情况下，哪怕不使用这些工具通常也不会带来严重后果，但在学习社交技能后，我们可以加深并巩固我们的人际关系。

在这本书中，我们探讨了社会情感学习模型及其五个核心技能。在介绍了每个核心技能后，我们引入了托马斯·戈登开发的社交与情感技能，并加以具体呈现。我们选取了工作、家庭和学校等不同情境中的实例，以期帮助你在其中找到更多能够对标的情境，从而提升你的沟通技能。通过这些实例，我们旨在让理论的呈现更加直观且易于理解，同时也证实了无论是与孩子沟通还是与上司沟通，这些技能都同样适用且有效。值得注意的是，所有这些沟通技能及其工具的使用都基于尊重和平等态度的前提——其中所蕴含的挑战和机遇，我们将在本书最后的部分进行探讨。我们还将分享那些受益于学习和践行戈登社交与情感技能的人们的真实经历。这些案例来自戈登培训国际机构总裁琳达·亚当斯（Linda Adams）的收集（www.gordontraining.com）。

本书还设置了丰富的思考练习和任务，旨在帮助读者能在自我反思的道路上走得更远。如果你发现书中的示例或推荐的练习似曾相识，那么本书对你来说将会格外有用。通过社会情感学习的维度（Casel，2017；Talvio，2014），经由本书所介绍的托马斯·戈登的实用社交与情感技能（Gordon，2006），你可以极大地加深自我认知并改善你的人际关系。我们由衷地希望本书能帮助你更容易地理解和应对人际沟通的挑战。

目录

Effective Interaction

第1章 社交与情感技能是可以习得的
>>> 001

社会情感学习的核心技能 - 005

社会情感学习的工具 - 009

戈登模型的开发者：托马斯·戈登 - 012

# 第 2 章　社会情感学习的五个核心技能
>>> 015

核心技能 1：自我意识　- 017

　　情绪和自我意识　- 022
　　自我意识发展　- 024
　　支持自我意识和鼓励个人选择　- 026

核心技能 2：自我管理　- 039

　　表达情绪　- 042
　　如何支持自我管理　- 045

核心技能 3：社会意识　- 057

　　倾听与被倾听　- 063

核心技能 4：人际关系技能　- 086

　　友谊　- 089
　　团队合作　- 101

核心技能 5：负责任地决策　- 116

　　价值观沟通　- 119

第 3 章 应用工具的导航图：
行为窗口
>>> 141

第 4 章 不同领域的社交与
情感技能研究
>>> 153

医疗行业中的研究 - 156

教育教学中的研究 - 159

第 5 章 沟通的基石：
态度和价值观
>>> 167

第 6 章 社交与情感技能的终身
学习
>>> 175

参考文献 - 183

Effective
Interaction

第1章

社交与情感技能是可以习得的

先来做一个小测试吧!

请在以下选项中，在令你感到熟悉或让你对与他人交往感到疑惑的选项前的"□"中打"√"。

- □ 我时常在想，我应该如何看待当前所出现的情况；
- □ 我时常在想，为什么我会有这种感受，这种感受是从哪里来的；
- □ 我时常在想，我该如何更好地表达自己并满足自己的需求；
- □ 我很容易感到自己被忽视或冷落，在对话中我经常会觉得自己被忽略，无法表达自己的真正想法；
- □ 在对话结束后，我时常在想，对方究竟想告诉我什么；
- □ 我在不同群体中的行为有很大差异，我觉得这很奇怪；
- □ 我有时会想，做出的这个决策是否公平。

如果你对上述问题似曾相识，那么你显然已经在思考社会情感学习的问题了。在本书中，我们正是通过社会情感学习来探讨如何发展社交与情感技能的。社会情感学习，或称社交与情感学习（emotional and communication learning），指的是一个过程，这个过程能有助于支持人们的社会和心理健康的不同信息、技能和态度被采纳和适应（Kuusela，2005）。与普遍的观念相反，**社交与情感技能并非与生俱来，而是可以通过系统学习和练习获得的。我们也可以直接从他人（比如，父母、老师或领导）的榜样示范中学习社交与情感技能**（Bandura，1986，1977）。

社会情感学习的核心技能

社会情感学习由以下核心技能组成：
- 在理解和管理情绪方面，这个核心技能被称为"自我意识"；
- 在设定和实现目标方面，这个核心技能被称为"自我管理"；
- 在体验和表达共情方面，这个核心技能被称为"社会意识"；
- 在建立和维持积极的人际关系方面，这个核心技能被称为"人际关系技能"；
- 在决策方面，这个核心技能被称为"负责任地决策"。

图1-1展示了社会情感学习模型（Elias et al., 1997；www.casel.org）。这个模型至今已经被广为应用了相当长的时间，但有关如何发展其不同核心技能的信息却很少。一些早期的研究文献已经提及了利用戈登的社交技能来发展社会情感学习的不同核心技能（e.g., Lintunen & Gould, 2014；Talvio, 2014）。在本书中，我们会

以一种更深入、更具体的方式，将戈登的社交技能应用于社会情感学习的各核心技能。

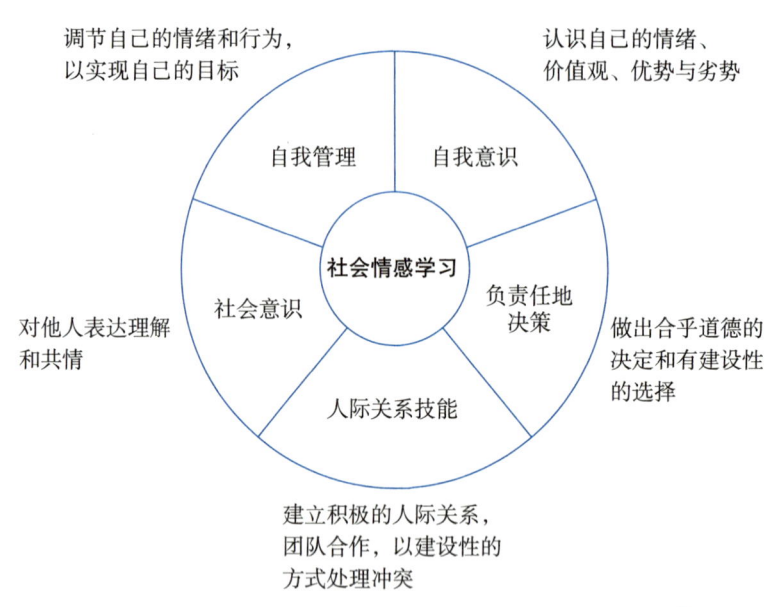

```
         调节自己的情绪和行为，              认识自己的情绪、
         以实现自己的目标                    价值观、优势与劣势

                    自我管理        自我意识

                          社会情感学习

                    社会意识        负责任地
         对他人表达理解                      决策
         和共情                              做出合乎道德的
                                            决定和有建设性
                          人际关系技能        的选择

         建立积极的人际关系，
         团队合作，以建设性的
         方式处理冲突
```

图 1-1 社会情感学习的五个核心技能及其沟通表现形式 [①]

在这些核心技能中，自我意识和自我管理是调节个人行为的技能，而社会意识和人际关系技能则更多地与发展集体行动有关。虽然沟通总是涉及不止一个人，但每个人都通过自己的行为参与其中，因此，**沟通技能的发展源于每个人的个人行动**。负责任地决策

---

① 各核心技能的译法，参考了毛亚庆主编的《社会情感学习培训手册》。——译者注

包含了社会情感学习中与调节个人行动和集体行动相关的技能。圆圈外的文字表示通过发展不同的社交与情感技能而能达到的理想状态。

社会情感学习模型以一个人必须首先认识到自己的内心世界为出发点，这可能包括情绪、需求或价值观。当一个人知道自己的内心世界是什么，以及那里在发生着什么时，就有可能开始调节自己的行为，比如，更有意识地去实现自己的目标或愿望。一个人要想与他人进行有效沟通，就要意识到自己的参与将如何影响他人。人际关系技能则意味着一个人一旦意识到自己正在参与着沟通，就可能会有意识地调节自己的行为，以增强积极的人际关系，并让自己在不同的情境下更恰如其分地与他人沟通。负责任地决策目标是在个人的社会行为中，做出易于被个人或群体所接受的选择。

在本章开篇的小测试中，前两项针对的是自我意识，第三、第四项针对的是自我管理，第五项针对的是社会意识，第六项针对的是人际关系技能，最后一项针对的是负责任地决策。

✧ 知识链接

社会情感学习模型于 20 世纪 90 年代在美国创立。当时，人们发现针对青少年的药物滥用干预计划（包括传统教育、警告或直接恐吓）根本无效；相反，包含各项生活管理技能的教育项目却对年轻人的风险行为产生了积极影响。因此，致力于促进发展的美国菲兹尔研究所（American Fetzer Institute）率先发起倡议，并召集了一批致力于社交与情感技能、暴力和药物滥用预防、性教育等领域的研究人员、教师和其他专家，共同创建了社会情感学习模型。

该模型充分体现了成功的预防教育项目中的核心技能。该模型的核心理念并非聚焦于未来的潜在威胁（比如吸毒），而是通过各种不同的方式支持青少年的发展，从而增强他们抵御这些威胁的能力（Greenberg et al., 2003）。菲兹尔研究所发展的这一理念，通过美国学术、社会和情感学习联合组织（Collaborative for Academic, Social, and Emotional Learning, CASEL）得以延续，该组织是目前全球社会情感学习模型最突出的支持者和贡献者。

社会情感学习的工具

社会情感学习的各核心技能对我们的幸福成长和美好生活大有裨益。在社会情感学习模型中,学习被划分为五个核心技能。借助这个模型,我们可以更准确地确定社会情感学习的哪些核心技能我们已经掌握,哪些技能还需要我们进一步关注。个体的社会情感发展在很大程度上取决于其个人特性及其内心现实,社会情感发展则往往是与他人共同进行的。因此,**在社会情感学习中,练习那些既能帮助我们更深入地了解自己又能支持我们与他人更好相处的技能和方法是至关重要的。**

可以使用托马斯·戈登在 2003 年提出的社交与情感技能来加深和扩展社会情感学习。它以人与人之间的关系为出发点,并致力于支持这种关系。不论是尊重自我和他人的态度,还是提升沟通技能,都有助于我们建立健康的人际关系,促进个人的生活幸福。运用社交与情感技能,我们可以建立人际关系的根基——信任。依托这些技能，我们可以预防问题的发生。我们还可以学习如何解决冲突，从而维护彼此的欣赏和尊重，并找到双方都能允诺的解决方案。这些技能就是建立有效沟通的工具。这些工具主要与社会情感学习的各核心技能相关，同一工具也可以用于其他核心技能中（见图1–2）。

我信息，避免绊脚石
调节自己的情绪和行为，以实现自己的目标

积极自我倾听
认识自己的情绪、价值观、优势与劣势

倾听技巧、换挡倾听、避免绊脚石
向别人表达理解和共情

价值观冲突解决技巧、避免绊脚石、双赢法
做出合乎道德的决定和有建设性的选择

我信息、倾听技巧、换挡倾听技巧、避免绊脚石、双赢法
建立积极的人际关系，团队合作，以建设性的方式处理冲突

社会情感学习：自我管理、自我意识、社会意识、负责任地决策、人际关系技能

图 1–2 戈登提出的社交技能用于发展社会情感学习的各核心技能
（引用自 Lintunen & Gould，2014；Talvio，2014）

根据托马斯·戈登的社交模型，有效能的人际关系工具包括：

与自我表达和解决问题有关的我信息（I-Messages）；基本倾听和积极倾听，避免绊脚石，即倾听技巧；交替使用我信息和倾听技巧，即换挡倾听技巧。我们对这些工具的独特补充是，将倾听技巧也应用于我们自身，纳入作为增加自我意识的工具。我们会使用"积极自我倾听"这一术语来指代这一工具。

有效沟通的工具是彼此独立且相互关联的技能。比如，要想积极倾听，就要理解情绪并掌握给情绪命名的技巧。在处理有困扰的情况时，我们需要使用我信息、倾听技巧和问题解决技巧。因此，这些工具可以被视为自成体系又相互支持。在后续章节中，我们将更详细地介绍这些工具。我们将在第 3 章详细说明每种工具可以在什么时候以及什么情况下使用。

本书中提供的用于改善社会情感学习的社交工具由托马斯·戈登博士率先提出。本书也展现了他一生的卓越成就。

戈登模型的开发者：托马斯·戈登

美国心理学家托马斯·戈登（1918—2002）是被公认的教授社交技能的先驱。从20世纪50年代开始，他基于人本心理学和当事人中心疗法，开发了社交技能培训项目。这个培训项目后来超越了不同文化、宗教的差异，他当时创立的戈登培训国际公司至今仍在全球范围内蓬勃开展着各种培训活动。戈登博士因其在改善人际关系和解决冲突方面的贡献，在20世纪90年代曾三次被提名为诺贝尔和平奖候选人。

戈登在跟随人本心理学鼻祖卡尔·罗杰斯（Carl Rogers）读研究生时，开始发展他的社交技能模型。基于文献研究和自身作为咨询顾问的实践经验，他构建了一种参与式的、以团体为中心的领导实践模型，该模型的核心是为团体智慧创造空间，并倾听员工的意见。在戈登的父母效能训练（P.E.T.）课程中，积极倾听技巧同样是核心内容，该课程旨在寻求解决亲子困扰和亲子冲突的方法。他提倡的开放式自我表达法、尊重孩子及成人双方需求的问题解决法，有效地缓解了家庭关系中的那些紧张局势。

戈登的社交技能模型在他的九本著作中进行了介绍。这些书总共被翻译成超过 32 种语言，在全球累计销售超过 700 万册。人们也可以通过官方的戈登课程学习戈登模型，包括面向父母的父母效能训练、面向学校教职员工的教师效能训练（Teacher Effectiveness Training, T.E.T.）、面向企业管理层的领导效能训练（Leader Effectiveness Training, L.E.T.），以及面向青少年的青少年效能训练（Youth Effectiveness Training, Y.E.T.）。其中最受欢迎的父母效能训练覆盖了全球 50 多个国家（www.gordontraining.com）。

Effective
Interaction

第 2 章

社会情感学习的
五个核心技能

核心技能 1：自我意识

学习目标：了解并掌控自己的情绪、渴望和目标。

反映自我意识技能的典型问题包括：

- 我是谁？
- 我真正想要什么？
- 我为什么会有这样的情绪？
- 我为什么会有这样的想法？
- 我为什么会用这样的态度对待这个问题？
- 我现在的真实感受和想法是什么？

我们常以为自己一直都非常清楚自己在想什么，但其实我们对自己在不同情境下的价值观、渴望、需求、目标或感受往往一无所知。当我们在与他人持续互动时，他人的价值观、想法和渴望会与我们自己的掺杂在一起。如果我们不能暂停下来将注意力拉回到自身，就很可能使我们的行动偏离我们自身的当务之急，转而被他人那些对我们有强烈干扰的想法所左右。

我们心中往往会同时充斥着许多相互矛盾的想法和感受。尤其是对于我们特别关切的事情，我们的处理方式极少能达到心平气和、条理清晰、干脆利落。当我们试图权衡事情的利弊时，我们的脑海中会反复冒出相反的声音。有时，我们越深入思考某件事，就越会感到迷惑。厘清自己甚至可能相互矛盾的想法，并提升这一技能，这是社会情感学习中自我意识的一部分。如果一个人能在这个技能上非常娴熟，就能迅速识别出有意义的、可行的和能用的信息，并将它们与那些让自己分心的干扰因素区分开。这样一来，我们在做那些对我们非常重要的决定时就能更加游刃有余。

> 明天的会议必须做出重大决策。前一天晚上，你满脑子想的都是如何向他人介绍你的想法，甚至连自己对此也没什么把握。情绪如坐过山车，忽冷忽热、起伏不定，在床上辗转反侧、难以入眠。可能直到凌晨，你才能短暂闭上双眼稍做休息，但很快又要醒来，疲惫而烦躁地迎接新的一天。
>
> 偶尔你可以在一觉过后感觉对前一天的事情有了新的视角，问题解决思路也似乎变得更加可行。于是随着你思考的更加深入，你的情绪也随之得到了些许的缓解。

在工作中，我们常常急于追求既定目标，却没有停下来思考这份工作对自己是否真正有意义。同样，学生因父母选的学习之所不是自己的心仪之地而选择退学的情况并不罕见。如果学习缺乏意义感，学习动力仅仅依赖于亲戚的赞美和褒奖，那么学习难度一旦增加，学习挑战就会开始变得难以逾越。若是我们不确定自己真正想要什么，在做选择时就很容易被他人的意见所左右。我们还时常会直接为他人提供现成的解决方案的建议，并认为这样做是在帮对方的忙，能让对方的问题更快地得到解决，大家又可以继续前进。确实，当一个人长时间犹豫不决时，会使周围的人如坐针毡。而通过不断发展自我意识，人们就可以更迅速地做出选择和决定，因为他们清楚自己的价值观、目标和追求。

> 在过去，家中的长子继承家庭农场是一种传统。尽管人们通常认为长子不需要外出工作，生活会过得比兄弟姐妹更好，但并非每个人都喜欢一个早已规划好的未来。有的父母想遵循长子的意愿，比如让他按照自己想要的方式接受教育，然后让次子或次女继承农场；有的父母则会认为，长子就应该尽职尽责，必须承担起管理农场的责任。然而，如果违背长子的意愿硬要他接手农场，就可能导致他对这项任务感到厌烦，进而影响农场的生产效率。

尽管像上述例子所描述的农场继承情况在如今比以前少见,但类似的情况依然存在,比如,继承家族企业、从事与父母相同的职业等。年轻人走上和父母一样的职业道路,可能只是因为他们还没有确认自己想要什么,而父母的职业领域至少是他们唯一有些了解的。唯有通过不断地学习,才能了解职业的不同方面,但并非每个人都有足够的动力去完成这样的学习。

教育心理学中对学习动机进行了大量研究。我们知道,那些一开始就有学习动机的人,比那些对学习内容缺乏兴趣或动力的学习者学得更好。内在动机描述的是学习者内心自然生发的求知欲,即他们投入学习并不是为了获得某种外在的回报(比如加薪),而是因为他们在学习过程中体验到了快乐和满足。我们承认,工作并不总是令人兴奋的,但如果我们在家庭、工作或学习中的行为完全缺乏内在动机,我们的生活就会逐渐变得毫无乐趣,我们的任务也很容易使我们筋疲力尽。

自我意识是指认识到自己的情绪、价值观、优势与劣势。当一个人知道自己是谁、自己想要什么时,就会通过多种方式努力实现自己的目标,而且这往往是自动自发的。他可能也会感到疲惫,但热情能帮助他克服疲惫。他会查找相关信息,并经常与志同道合的人交流。工作任务反而有点像他最喜欢的业余爱好:它需要付出劳动乃至牺牲,但感觉这一切都是值得的!

自我意识有助于我们将精力集中在那些对我们而言重要的事情上。思考我们最终想要什么、期望什么，这有助于我们朝着正确的方向前进。内在动机驱使着我们，在最佳状态时会让我们体验到所谓的"心流"（Csíkszent-mihályi，2014）。这时，我们会完全沉浸于所做之事，以至于忘记时间和周遭，学习或行动仿佛都是自动发生的。如果我们有了这种"心流"体验，就说明这件事对我们而言具有个人意义。尽管工作可能会让我们感觉心力交瘁或压力巨大，但热情能够战胜这些阻挠我们进步的情绪，让我们免受其扰（Upadaya，Vartiainen，& Salmela-Aro，2016）。

自我意识是一种技能，它让我们能够从周遭中区分自己的价值观、期待、需求和目标。我们时不时就要停下来安静地思考这些问题：我们的确切想法是什么？我们的真正期待是什么？我们的内心感受如何？与自己交流听起来可能会让人感觉不太自然，但戈登的社交课程的经验表明，自我反思练习的重要性得到了参与者们的共识。

✧ 知识链接

戈登的社交课程任务之一是列出自己的近期愿望或重要之事。许多忙于工作和家庭的父母发现自己很难回答这个问题。他们表示没有时间考虑自己，因为他们把所有的时间都花在维持日常家庭生活和满足家庭成员需求上了。有些人自称"夹心饼干"——上有老下有小。在这种情况下，考虑他人的需求自然超过了考虑自己的需求，自我反思也随之减少。在一次课程中，有一位教师说，他们从小就被教育要不遗余力地帮助他人，并控制好自己的需求、希望和想法。当他们发现原来考虑自己的愿望、需求和感受也有助于帮助他人时，他们感到如释重负。

当一个人有能力掌控使用自身资源时，自身资源就能得到更有效的利用。对于忙碌的父母，倾听自己内心的声音同样十分重要，这最终也将惠及子女。

情绪和自我意识

除了价值观、目标和愿望之外，我们有时也难以识别自己的情绪。我们可能一起床就感觉心情很糟糕，但并不知道是什么原因使自己感到糟糕。然而，当我们静下心来思考可能导致我们情绪低落的原因时，我们往往能找到解释：可能是他人说了一些违背我们价值观的话，也可能是工作上的压力，还可能是对家人的担心，等等。由于我们未能或不愿处理这些情绪，因此它们停留在我们的内心深处，且持续不断地影响着我们。

有些情绪（比如，嫉妒或恐惧）会暴露出我们自身的弱点。我们常常会发现，尤其是那些让我们感到难以处理的情绪（比如，不公平感甚至是仇恨）往往会被其他情绪掩盖。这就是这些潜在情绪未被触及的原因。在工作或学习中，我们很少会直接表达对他人成功和成就的嫉妒。嫉妒可能会被以下这些情绪掩盖：对老板或老师偏袒成功者、牺牲其他人利益的做法感觉不满，或者对有些人肆无忌惮且自私自利地利用这种情况感到愤怒。

当我们能意识到自己的真实情绪时，将获得更多关于行为和环境的重要信息，这是我们无法通过其他方式获得的。因此，重要的是我们敢于面对所有情绪，接纳它们，并思考它们试图告诉我们什么。请记住，**情绪和体验情绪从来都是被允许的，而受特定情绪影响的行为则可能是不可接纳的、应受谴责的或应被制止的。**

情绪也可以通过其他方式来处理，而不仅仅是积极思考它们。比如，我们知道睡眠通常在处理和澄清情绪方面发挥着重要的作用，一些比较艰难的情绪（比如仇恨）可以在梦中得到安全处理，以便我们在清醒时能更好地应对它们。音乐、电影或文学等方式也能帮助我们处理情绪。近年来，儿童的情绪词汇量受到了特别的关注，研究者发现，丰富的情绪词汇有助于情绪的处理，而通过给儿童阅读优质的书籍可以扩充他们的情绪词汇量。可共情他人的人也可以通过倾听他人来处理自己的情绪，这被称为共情力。也就是说，**倾听朋友不仅能帮助朋友，还能帮助倾听者自己**。此外，保持对自身情绪、需求和目标的觉察是一个持续进行的过程，而不是一旦达到某种状态就保持不变了。

自我意识的问题有时之所以会加剧，是因为我们的期待、情绪和目标相互矛盾：一方面，我们希望有时间享受平静的家庭生活；另一方面，我们又希望每天生活有所变化。同样地，当孩子回家晚了，我们可能会感到既恼火又欣慰。据报道，学有所成的学生也会体验到既有热情又有压力（Salmela-Aro & Tuominen-Soini，2013）。矛盾的情绪是生活的一部分，就算我们并不总是清楚自己的感受和未来的方向，那也没什么大不了！

自我意识发展

近几十年来，人们都在向东方哲学寻找发展自我意识的方法。这样的方法有很多，它们的共同点是，停下一切活动、平静下来、专注于当下。由于东方哲学的目标是追求内心的平和、理解自己与世界的关系，因此它被视为追求绩效、生产力和利润的市场经济的鲜明对照。正念和放松这样的课程极受欢迎、风靡全球，世界各地的人们纷纷参与。他们试图通过这些课程缓解工作和生活引起的压力与疲劳，并通过放慢节奏、专注内省来提升幸福感。在学校中，练习意识技能的活动也不断增多。

通过倾听自己来提高自我意识有时非常具有挑战性，以至于现在出现了各种发展自我意识的培训课程，旨在帮助人们发掘自己潜藏的价值观、希望和优势。很多课程参与者觉得自己在这些课程中满足了自己所追寻的期望，这些期望可能不是以最初设想的形式，而是以某种不一样的形式。同样，在工作督导和咨询中，增强来访者的自我意识也是这一过程中不可或缺的一部分。

人们可能会问，关注自我是不是一种以自我为中心甚至是自私的行为？人们可能会认为，一个专注于自己的希望、情感和需求的人会对他人不够关心。关注自我往往使人联想到那些只谋求自己利益、只谈论自己的人。然而事实是，**了解自己从不会剥夺他人的任何东西**。如果我们非常了解自己，就能更好地与他人合作，甚至能帮助他人更好地了解他自己。正如本书后续章节所讨论的，与深入了解自己的人合作往往是顺畅无阻的，因为他的情绪、目标及潜在的界限、条件都已被清晰地表达出来了。

为什么人们不更深入地了解自己呢？可能是因为我们的文化更倾向于追求快速节奏和成就，而非静心思考。还可能是因为自我内省需要集中精力，而诸如正在经历困扰和危机的人往往无暇顾及深入思考，因为他们把所有的精力都耗费在应对日常生活的挑战上，已经没有足够的心理资源了；还有很多人的生活异常艰难困苦，他们习得性地认为自己无法影响自己的生活，因此也不会为自己设定目标、不会倾听自己的情绪，因为他们觉得这么做毫无用处。这种宿命论的态度会让人产生生活无意义感，在最糟糕的情况下，甚至可能产生自毁的念头。

在为年轻囚犯组织的社交俱乐部中，曾有许多旨在提高自我认识的任务。有一次，他们需要从杂志中找到描绘自己未来生活的最佳图片。然而，许多年轻人根本无法选出来任何图片，因为他们说已经不再思考自己的未来了。这些年轻人认为，他们的生活已成定数，因此计划或梦想未来没有任何作用。按照这种思维逻辑，即使在假释期间因偷窃被抓到似乎也无所谓。

支持自我意识和鼓励个人选择

我们有时难以容忍他人做决定时的"不确定性"，也难以给他们足够的时间去思考并自主做出选择。当一个小孩子告诉大人他无事可做并问大人自己接下来可以做什么时，大多数大人会建议他们自认为孩子会喜欢的事情，比如："你为什么不玩一会儿开小超市的游戏？""读读那本新书怎么样？""要不要画点什么？"当青少年与父母讨论未来职业方向时，父母可能会说："你数学这么好，应该去当工程师。"在学校,当孩子们问老师"我准备好了,应该做什么"时,老师可能会回答"看看书"或"再做几道题"。

当我们想帮助感到不确定的人时,常常会提出各种替代方案。通常来说,这是好事,能让感到不确定的人收集他人的观点,并基于这些观点做出决定。然而,如果一个人从小就习惯了无法自己解决问题,总是由他人决定个人事务,就会变得完全依赖他人。如果一个人在自己的生活中变得被动,就会觉得自己根本不知道自己想要什么,生活会成为单纯地为了达成目标的机械性尝试。

有研究者预测(Avolio,Walumbwa,& Weber,2009;Davies,Fidler,& Gorbis,2011;Khal-lash & Kruse,2012),未来的工作将变得更加细分,主要以短期项目型活动为主。由于相距较远,因此领导或团队无法提供即时支持。未来的工作需要创业技能,更需要独立思考和决策的能力。例如,芬兰的《国家全面教育核心课程》(*Finnish National Agency for Education*,2016)就考虑到了这一点,但这同时也是一个问题,即我们该如何鼓励我们的孩子、学生或员工根据每天的实际情况自己做出选择,而不是我们不断地为他们解决所有问题。

学校及其他学习机构往往会为学生提供学习的主题内容,学生的目标则是达到这些学习目标。如果没有内在动机,学生就会仅仅以完成学业为目标。这样的学习完全基于外在动机,使得完成课程的目的不是为了学习本身,而是为了获得成绩、继续学业。比如,大学生可能会因为害怕考砸或挂科才迫使自己为考试复习(备考工作可能甚至会包括试着猜测考试题目,并将这些内容背下来)。如果他们的运气好,就可以在考试中把这些内容从记忆中输出到试卷上。其结果可能是取得了一个好成绩,但真正学到并记住了什么呢?通常并不多!这种学习技巧可以被称为"填鸭式学习",即先吸收大量信息,然后在考试中再把它们"吐出来"(Hakkarainen, Palonen, Paavola, & Lehtinen, 2004)。尽管有些内容可能会被记住,但要应用这些信息几乎是不可能的。

人们其实不必独自探索自己的想法、感受或需求,而是可以通过社交技能帮助自己发展自我意识和内在动机。这种方法常常在大学课程中得到实现,特别是在应用"现象式学习法"的课程中,学生们会共同设定课程目标。无论是个人还是集体设定学习目标,明确这些目标和意图都是所有学习过程的关键。即使在大型团体中,也应该留出时间让团体成员思考课程内容如何才能满足他们的需求。在了解了学习者的目标后,经验丰富的教师在教学过程中就能充分考虑到学生的期待和需求了。

此外,教师还有必要和学生一起探讨课程的完成形式及评分标准,并向学习者说明课程设计的核心原则,即课程的完成评价主要是为了促进学生的学习与发展,而非作为教师施加权力的手段。虽然这看似简单，但在邀请学生们就课程完成和评价方式表达自己的意见时，他们常常会感到不知所措，许多学生（尤其是高年级学生）说这是自己第一次被问及"在课程中想学习什么"。此外，学生们抱怨教师让自己设定目标的也不在少数："为什么老师不能直接告诉我们应该学什么，然后我们就可以按部就班地照着做了呢？"遗憾的是，我们已经习惯了将学习者视为学习过程中的被动执行者，而非主动参与者。

✦ 知识链接

在戈登的 T.E.T. 培训课程中，听参与者谈论他们对培训设定了怎样的目标、对培训有什么样的期待，是一件颇具意味的事情。或许你会认为，培训的主要目标就是按照戈登的理念把课程教给参与者。然而，参与者最常见的期待其实往往是希望运用戈登方法来发展个人的人际关系。很多人来参加这个培训，希望能从忙碌的工作中抽身并给自己一个喘息的机会以寻找新的思路，或者仅仅是为了结识一些有趣的新朋友。培训讲师注意到，让参与者在培训前分享自己的个人期待会给整个培训过程带来显著影响，在培训前设立明确的目标也会在培训过程中持续影响培训氛围。由于参与者各自设定的目标不同，因此各个小组的活动氛围也大相径庭。如果小组内成员的目标主要是更好地了解他人或融入小组，那么这些小组的课程氛围与那些主要关注培训内容本身的小组相比会截然不同。

在培养学习者内在动机的过程中，重要的不是给出现成的答案，而是帮助对方倾听自己的需求和目标。这里所说的这种社交技能指的是不同形式的倾听技巧，尤其是积极倾听技巧。通过被倾听，学习者能利用现有信息逐渐知道自己真正想要的是什么。一旦他们对此有了清晰的认识，就能为自己设定目标，并积极为之努力。

新手教师常常惊讶于教学过程会涉及如此多的倾听，因为在传统观念中，教师被认为是布置任务、讲授新知识并主导课堂讨论的人。然而，通过有技巧的倾听，教师能帮助学生更好地联结到自己的需求和目标，并加以发展。这样，学生才会真正地投入学习中，并在其中体验到参与感、能动感和自主感。随着学习者自身主体性的增强，教师通过打分和记录任务完成情况等方式来监督学生表现的必要性就相应地降低了。从强化学生的外在动机转而支持学生的内在动机，这有时对教师来说是一种挑战，因为传统的学校教育体系普遍依赖于强化外在动机的手段（比如，惩罚和数字化评分）。要想唤醒学习者的内在动机，教师需要具备良好的人际沟通理解能力。作为教师所具有的权威应是基于其实际表现自然赢得的，而非基于其职位的权力地位所赋予的。同时，教师还需要随时准备调整策略，随机应变以适应不同的教学情境。

一个具有良好社交技能的人可以避免成为"自动回答机",而是引导他人在自己内心找到答案。对于那些想要维护既有权力体系的人来说,这通常是个棘手的问题。因为掌权的领导或教师掌握着必要的知识和地位,往往备受推崇。然而,无论是员工还是学生,他们都已经掌握了进一步学习所需的关键信息(比如,他们已经掌握并具备的知识)。一个善于运用社交技能的人能有效地发挥他人的潜能。如果总是由领导或教师来确定应该学什么以及怎么学更好,那么一旦学习目标没有达成,学习者就不会为结果负责,反倒会归咎于领导或教师。一个完全依赖他人的人只会照着吩咐行事,如果方法不奏效,就往往会认为错不在自己;相反,如果学习者自己设定了目标,就会为自己的学习进程和目标实现承担起责任。然而,如果教师、家长或领导想要帮助学习者发展其参与感、能动感和自主感,就必须充当同伴或教练的角色,而非指挥者和控制者。

总而言之,掌握社交与情感技能的人总能对自己保持高度的自我意识。他们重视自己的想法、感受和目标,不会将这些掩藏起来。他们明白,珍视自己的感受、需求、价值和希望,从来就不会剥夺或损害他人的任何东西,反而有助于与他人更好地沟通。因此,他们会不时地抽出时间来审视自己对周遭事物的看法。当面对一个对自己的希望、目标或情绪感到毫无头绪又殚精竭虑的人时,他们不会急于解决对方的问题,或给对方提出看似合适的建议;相反，他们会致力于帮助对方提升和发挥自我意识，进而厘清那些影响他们决策的关键因素。

思考

- 未来一个月、一年、十年，你在工作或家庭生活中有什么希望或梦想？
- 你在什么情况下会火冒三丈？这背后的情绪是什么？
- 想一想，什么事情会激起你内心相互矛盾的情绪？
- 什么事情会让你感兴趣，并吸引你去探索？比如，你喜欢与人讨论哪类事情？
- 什么事情会让你感到快乐？你能更精确地描述这种情绪吗？

自我意识提升工具　积极自我倾听

在深化自我意识的过程中，我们会努力探索自己的情绪、需求、价值观、优势与劣势。积极自我倾听是一种实用的工具，其理念基于著名的情绪冰山理论。在自我倾听的过程中，我们会暂停下来，觉察自己当下体验到的真实感受。我们倾听自己真实的期望和需求，关注自己的目标。我们认真对待自己倾听到的内心声音，并以此来指导自己的选择。同时，我们还会检视这些选择是否与我们的价值观相符。通过这样的方式，我们试图确认那些对我们而言至关重要的价值观。积极自我倾听有助于我们更好地过上我们认为对自己及重要他人最合适的生活方式。

情绪冰山理论有助于我们进行积极的自我倾听，能帮助我们理解和探索内心的情绪波动。尤其在我们感到愤怒或烦恼时，识别这些情绪是非常重要的。比如，如果我们以爆发性的方式来表达愤怒，那么对方往往很难领会我们真正的意图，而且还可能会以防御、反击或停止交流等方式来回应我们的愤怒。从沟通的角度来看，这样的愤怒表达方式并非总是建设性的。

表达情绪对我们来说并不容易。我们常常会觉得隐藏自己真实的情绪比倾听和识别它们更容易。情绪冰山理论为我们表达情绪提供了更为精确的方式，这不仅有助于我们增强自我意识，还能帮助他人更好地理解我们的真实情况。以愤怒为例（见图2-1）：愤怒就如同海平面上可见的冰山一角，但在它的下面还隐藏着一系列不同的情绪，例如恐惧、失望、担忧、挫败、委屈、心烦、嫉妒、羡慕、悲伤或内疚。此外，饥饿、疲惫、疼痛和应激等生理体验也常常表现为愤怒。愤怒往往是掩盖这些原始情绪的最终呈现方式。动物的表现也是如此：它们先是感到恐惧，然后会采取愤怒的行为方式，以此来抵御威胁。

```
       愤怒

      恐惧
      悲伤
      嫉妒
      失望
      挫败
      伤心
      委屈
```

图 2-1　情绪冰山理论（以愤怒为例）

资料来源：Adams，Emmons，Denslow，& Tyrrell，2006.

情绪冰山理论并不意味着我们不应该表达愤怒或烦恼。愤怒也有其存在的应有价值，例如，它能向孩子们表明行为允许的界限在哪里。与完全掩盖我们的情绪相比，把情绪表达出来会更好。但如果我们的言语表达和实际情绪不一致，那么也会产生问题，例如，我们因愤怒而咬紧牙关，却声称一切都好。此时，接收信息的人通常会更相信那些未被明说的信息，因为这些通常才能体现出我们更真实的感受。

情绪冰山像一个难以捉摸的存在，它浮浮沉沉、起伏不定，因此它无法轻易绕开。情绪冰山似乎常会在完全不可预测和出人意料的情况下突然浮现。因此，与其试图绕过它或仅仅用模棱两可的表达来掩藏它，不如更明智地审视我们情绪冰山的全貌。当我们能问自己"是什么情绪让我变得愤怒"或"当我感到这样模糊不清时，我到底正在经历着什么"时，我们其实就是在学习如何更准确地表达那些更深层的情绪。这样，我们或许就不会那么频繁地感到愤怒了。识别这些情绪，意味着我们在进行积极自我倾听。聆听自我的情绪也有助于我们的个人成长，并常常会让我们感觉如释重负。如果能准确地识别这些情绪，就有助于我们更有效地调整自己的行为，并找到解决问题的办法。

在一次学校的教师会议上，大家就新修订的课程大纲及相关课程选择进行了商议。在这次的课程更新调整中，有一位年轻教师负责的健康教育课被取消了。这位教师提出了一个改革建议——如何在八年级的教学大纲中继续包含成长与发展的主题，并建议学校利用部分选修课的时间为所有学生开设该课程。

会后，另一位教师对这位年轻教师说："你应该清楚，这种事情是行不通的。年轻教师总是太急于推陈出新了。"在谈话中，这位年轻教师无言以对，随后怒火中烧，还感受到了羞辱、不安、少许害怕等其他情绪。与此同时,他的斗志也被激发了起来,他意识到自己的理由远比同事的否定更具说服力。尽管有所畏惧,但他还是决定勇敢地继续争取他提出的改革。

情绪冰山理论还能帮助我们识别与快乐喜悦相关的情绪,从而提升我们的幸福感。向他人表达积极情绪不仅能传递快乐情绪,还能增强与他人之间的联结。准确识别并向他人表达各种情绪,对提升个人的幸福感和心理健康大有裨益(Suoninen, Pirttilä-Backman, Lahikainen, & Ahokas, 2013)。因此,无论是对儿童还是对成人来说,掌握丰富的情绪词汇并学会运用它们是非常有意义的。我们在识别和命名情绪的过程中可能需要获得帮助,如果能借助一些已有的情绪词汇表,将更有利于我们表达情绪并更好地积极倾听自己。你可以在网上找到这些列表资源(例如,http://www.psychpage.com/learning/library/assess/feelings.html)。

通过自我倾听,我们可以提升自我意识。积极自我倾听有助于深化对自己的了解,进而帮助我们在生活中做出符合个人价值观的决策。同时,通过积极自我倾听,我们还为良好的人际关系打下坚实的基础。在我们的人际互动中,尤其在涉及讨论的相关场合,各种情绪可能都会涌现,此时倾听和识别我们的情绪显得尤为关键。当我们觉察到自己的情绪时，也更容易向他人表达这些情绪，这样他人更能领会什么才是我们真正看重的。因此，识别和表达情绪是提升关系敞开度和亲密度的重要方式。

思考

找一个安静的地方，参考以下问题，从中选择适合自己的问题，花几分钟时间思考：

- 今天我有哪些情绪？
- 当前我有哪些期待和梦想？
- 有什么让我感到担忧？
- 有什么让我感到快乐？
- 今天我想要对什么表达感激？
- 今天我需要什么？

反馈

当我参加 L.E.T. 课程时，我意识到自己没有时间去思考自己需要什么或感受到什么。多年来，我的工作和生活只是为了我的家庭，换句话说，是为了我的孩子和我年事已高的父母。这门课程让我思考我自己到底需要什么，这真的很好，因为我意识到了我其实既想照顾家庭，又需要一些属于自己的时间。我已经放弃了扮演受害者或牺牲者的角色，现在我照顾我的家人只是因为我愿意，而不是因为这是我的责任。

——一位来自芬兰的父亲

核心技能 2：自我管理

学习目标：设定目标并付诸实现。

反映自我管理技能的典型问题包括：
- 我将如何实现我的期待、需求和目标？
- 在这种情绪状态和环境下，我如何做出最明智的选择来实现我的目标？
- 我如何过上对我有意义的生活？

自我管理就是调节自己的情绪和行为以实现个人目标。想必大多数人已经意识到，要完全满足自己的希望、需求和目标是非常困难的。诸多现实问题（比如，在家庭、工作和学习上肩负的责任）会限制我们的选择，使我们无法完全按照自己的意愿随时休息或安静地放松一会儿，而是必须调整自己的节奏以适应他人的生活。然而，这并不意味着我们不应该为未来规划，也不意味着我们不需要制定短期目标和长期目标。如果我们盲目地一头扎进事务性事情的漩涡中，就很难到达人生的梦想之地。倘若我们漫无目的，就更容易被别人牵着鼻子走。

要满足我们的期待、需求和目标，我们首先可以考虑通过调整环境得以实现。比如：对于一个想要获得宁静的人来说，住在乡下可能是不错的选择；对于想要在工作中有健康坐姿需求的人，可以考虑换一把更符合人体工程学的椅子。通过调整环境，我们可以轻易地实现诸多与需求相关的期待。然而，如果我们的需求或期待的满足涉及他人时，关于自我管理就会相对地显得更为复杂，因为我们有必要让他人也能考虑这些需求，并可能由此改变他们的行为。因此，我们必须十分清楚地知道自己真正希望他人为我们做什么，并准备好提出这个请求是非常关键的。尽管知道自己的想法确实与自我意识更相关（见核心技能1），但实现自己的期待则属于自我管理的一部分。

根据维果茨基（Vygotsky，1982）的理论，人们在用语言表达自己的想法时，能更深入地理解自己的想法。通过语言表达，人们可以整理思绪并提升思考维度，从而在处理复杂问题时更容易做出决策。这种方法在心理治疗和顾问工作中都有应用。在顾问工作过程中，当顾问请客户谈论他们的想法时，并不是为了直接帮助客户解决问题（毕竟这不是一个经验丰富的顾问工作的做法），而是邀请客户谈论他们的想法，即通过口头语言的形式表达想法，以帮助客户更清晰地认识问题的本质，从而简化决策过程，使客户今后在遇到类似情况时能更加明智地应对。

> 在顾问工作过程中，客户在离开时经常会这么说："你又为我们的工作提供了极好的建议。"当我回答说这都是你们自己的功劳，因为我在顾问工作中从未给出建议时，他们总是感到非常惊讶。只有当我开始详细回顾解释某些见解如何形成时，客户们才意识到，其实他们自己才是大部分见解产生的源泉。作为顾问，我仅仅邀请他们聚焦既定的思路，并提出一些问题来引导他们从不同的角度进行审视。用语言表达想法是寻找解决方案和获得深刻洞察的强大动力！

将想法口头表达出来，是我们通过内省深入探索问题的第一步。如果周围没有可以听我们口头分享这些想法的人，那么写作便成了一种极佳的思路整理方式。几个世纪前，科学界已经认识到写作是一种处理和发展思维的有效方法。写作的另一个优点在于，它可以帮助我们在写的过程中辨别哪些想法是自己的，哪些想法是受他人影响的。写作可以在自我交流中发挥最佳效果。然而，在科学界，人们也注意到，单个作者的视角往往显得过于局限，因此如今的科学写作通常是由研究小组承担的，且小组中的每个成员在各自领域都各具专长。在集体协作的互动式写作中，不同专业领域的交流会催生出深刻的洞察力。这样的思考方式同样适用于自我反省。在某种程度上，我们确实可以独自处理自己的想法，这样做也是很有价值的，但在某些时候，邀请其他人参与进来也是有益的，因为这样可以获得更多的视角。尤其当我们处于制订实施计划的阶段时，这一点显得尤为重要，因为实施计划是自我管理的核心目标。

在我们明确了自己有什么样的期待、需求或目标后，就要去思考如何向他人传达这些想法。我们向外界所展示的，往往并非我们真实的想法或感受。比如，芬兰人通常不会向不熟悉的人敞开心扉谈论自己的想法和感受，即使这些想法和感受对他们自己来说再明显不过。正如过多关注自我会被视为自私或以自我为中心一样，过多地向他人讲述我们的计划、期待、感受和目标，也会被认为至少在某种程度上是以自我为中心的，尤其当这种交流主要由讲述方主导时。

表达情绪

即使人们能意识到自己的需求或感受，要把这些表达出来也并非易事。表达情绪和表达需求一样，同属自我管理的一部分，但不同的是，情绪的波动通常在事后才出现，并且它往往会持续一段时间，还有可能影响到后续的场景。比如：一个人在赶往开会的路上遭遇了一场可怕的交通事故，随后他很难抛开思绪转而专注于当前的事务；一个人在白天的工作中遇到了棘手的问题，回到家后仍然可能心绪不宁，尽管家人与他们在白天经历的这些事毫无关系，但他们有时也会在无意中将家人作为情绪宣泄的对象。情绪就这样从一个情境转移到了另一个情境。此外，情绪表达的复杂性还体现在其经常通过非言语方式表达（比如，身体语言或暗示语调）上。

学习和工作同样会带来压力，甚至使人精疲力竭。在工作中偶尔感受到压力很正常，如果这种压力持续存在，就往往会导致过度疲劳乃至产生职业倦怠。这种疲惫往往源于自我管理中个人的行动目标设定不明确或不现实。当我们拼尽全力追求目标，而目标却似乎遥不可及时，我们就像在迷雾中航行，从而失去对工作的掌控感。此时，如果我们能向他人倾诉困扰，逐渐解开心结，那么这是至关重要的，有助于我们进一步清晰我们的目标和意愿，让自我管理更加成功。

就像孩子们从小就学会了用各种天气或交通工具来形容自己此时此刻的情绪一样，在工作中协助人们表达情绪也是可行的。比如，通过提出诸如"对于这件事，你内心的感受是什么""你还留下了什么感受"等开放式问题，可以帮助员工在困扰中表达情绪并进行自我管理。

我们曾在第1章提到，情绪化表达和情绪化行为可能是不被接纳的，但拥有情绪本身从来都应该是被接纳的。情绪是人的自然反应，因此所有情绪都是被允许的，但我们如何基于情绪进行自我管理并采取行动则需要符合道德准则。这些准则通常会在各种不同法律条文或协议中列明，但也可能是被普遍认可的、非书面的文化习俗，即大家默认的隐性常识。比如，我们不能因为失望于没有得到加薪而一早不去上班，也不能因为生气就打我们的配偶或孩子，我们必须在情绪激动时控制自己的行为。对处于大脑快速发育阶段的青少年来说，这尤其具有挑战性。此时，大脑中原本庞大密集的神经细胞网络会逐渐变得稀疏，以便将更多的信息传输容量分配给最常用的神经通路。由于大脑系统在青春期经历着剧烈的发展变化，因此易冲动和协调性不足就成了青少年的典型特征。此外，由于大脑发育阶段的特点，青少年往往不太善于准确地识别他人的情绪，也不总是能感同身受。然而，这些能力的发展对于他们学习如何以更富共情力的方式与人沟通极为重要。

目前，关于如何管理情绪（如愤怒）的理论模型和教育项目，在全球许多国家早已广泛流传和实施，比如，攻击行为阶段论、攻击替代性训练（Aggression Replacement Training，ART）、非暴力沟通（Nonviolent Communication，NVC），等等。这些项目旨在引导青少年学会在情绪激烈时采取不同的行为方式。在家庭教育中，为孩子大量阅读以支持他们不断发展情绪词汇，并在必要时协助他们表达内心的感受，其重要性不可低估。正如本书前文提到的，为情绪命名是处理情绪的有效方式。

如何支持自我管理

在工作中，确定各种绩效考核是上级支持员工表达其需求、期待和目标的关键时刻。通常情况下，有必要给员工充足的时间来进行思考，比如，可以事先为他们提供一些思考问题，还可以从员工能够自主规划工作的程度来审视领导风格。事实上，在员工能更多规划工作的工作氛围中，员工的积极性、主动性和独立性会更强，不像在传统的工作氛围中，员工不会规划自己的工作而只是完成任务。

自我管理除了包括表达和制定目标，还包括如何鼓励这种表达。无论是在家庭、学校，还是在其他教育机构、工作场所，最好定期为每个人提供机会，让他们分享自己的近况、想法、期望、情绪和目标。这些分享时刻可以很短暂，但其产生的效果往往会很显著。这种交流为彼此提供了重要的信息，不仅能了解彼此的近况，还能预见未来可能的合作方式。有时，一些简单的开头句式可以使这个过程更加轻松，比如，使用我信息句式，每个人可以依次分享："上周，我……""我计划……""我很高兴……"

在家中，让孩子从小就开始学习对自己的行为和决策负责是非常有益的。尽管小孩需要大量的指导，但他们在生活中也可以练习自我管理。比如，当孩子在准备出行时询问应该带哪些玩具时，父母不应立即为孩子做出决定，而是应提供帮助，协助孩子自己思考带哪些玩具会让他感觉更合适、更舒适。换句话说，**要想提升孩子的个人行动能力（即自主性），可以在最平凡的日常生活中逐步引导和培养**。当然，对于一些令孩子无法自己决定或不宜自己决定的事情（比如，上床睡觉的时间或晚餐吃什么），通常要由大人来做主要决定。

对于到了上学年龄的孩子，大人可以交给他们一些可以自己负责的小任务。在完成过程中，大人既要让孩子自己负责计划和执行，又要始终在旁边提供必要的帮助。任务的选择最好既要有足够的挑战性，又要确保孩子能够自己顺利完成。比如，在大人的协助下，制订一个让奶奶的生日变得更加特别的计划。重要的是，孩子需要自行设定这些目标，这有助于激发他们的内驱力。这样一来，合适的任务自然会源于孩子的世界，而非成人的世界。

引导学生意识到并确立自己的学习目标，可以通过鼓励学生为自己的课程设定个人目标来实现。在学生了解课程本身所设定的目标后，教师可以在课程开始时，让学生表达他们对这些目标的看法，包括：哪些目标与自己息息相关？哪些目标对自己特别重要？

为什么会有这样的想法？

思考

- 当你意识到自己生气时，你通常怎么处理？
- 你如何缓解压力？
- 面对他人造成的问题或受到不公平对待，你会如何应对？你是会主动提出讨论，还是会等待问题自行解决？
- 观察问题情境（比如电视剧中的）通常是如何被解决的？试着找出一个失败案例、一个成功案例。
- 你是否习惯于提前向他人表达自己的愿望，以预防和解决未来可能发生的情况？
- 你是愿意向他人表达自己的观点和想法，还是更倾向于选择保留？

自我管理提升工具　我信息

社会情感学习中的自我管理技能包括调节我们的情绪和行为，以实现自身的目标。情绪调节有多种方式，但在本书中，我们重点关注它有关自我管理的方面——个体如何认识并向自己及他人表达自身的体验。自我表达涉及非言语和言语两种沟通方式。非言语沟通（比如，表情、手势和姿态）与言语沟通密切相关，其主要功能是补充和支撑言语信息的表达。要做到清晰的信息传递，需要言语沟通和非言语沟通之间的相辅相成。

清晰的言语沟通能力之一是能够为自己表达，也就是所谓的"我信息"。我们可以借助我信息表达自己的思想、感受、需求、价值观、信念、希望和愿望，表明我们重视自己，也尊重自己的体验。这不是自我放纵，也不是自私自利。我信息有助于他人更好地理解我们。

我信息的种类包括：表白性我信息、应答性我信息、预防性我信息、面质性我信息和肯定性我信息。

- **表白性我信息**。指告诉他人关于自己的信息。举例："我喜欢散步。""我很累，需要休息。""我支持社会民主的原则。""我爱你。""我喜欢我的新工作，甚至感觉不到是在工作。""我喜欢没有大计划的长假，就在家放松。"
- **应答性我信息**。指表达自己的确切决定及其理由。比如，在孩子想买一个昂贵的玩具时，我可以说："不行，这个玩具很贵，我现在不能花这笔钱。"
- **预防性我信息**。指明确表达自己的需求，并解释原因。比如："我希望我们能按时结束会议，因为我需要准时去幼儿园接孩子。"

面质性我信息和肯定性我信息均包括以下三个部分：

- 描述他人的行为（无须指责）；
- 说明它对自己产生的具体影响；
- 表达自己的感受。

- **面质性我信息**。举例："我在周会上讲解行动计划时你们却在下面交谈，使我不得不再次解释这一切，这种浪费时间的感觉让我感到沮丧。""昨天你们开会没有叫我，让我感到有些失落。现在我都不知道接下来该怎么做了。"
- **肯定性我信息**。举例："我非常感激你为建立新的计算机系统所做的一切。这让我们的工作轻松多了。""感谢大家都准时到达，因为现在我们可以开始上完整节课了。""我很喜欢听你今天的讲座，我真的很佩服你那样做所表现出的勇气。"

一位中学教师分享了他如何将肯定性我信息作为一种重要工具，为那些常让教师头疼的学生提供正面反馈。即便是那些行为表现具有挑战性的青少年，也有他们的可取之处，值得指出来并予以肯定。比如，教师可以这样说："大家都准

> 时到场,这真是太好了,这样我们就不必将时间浪费在无谓的等待上,而是可以立即开始活动了。"与指出不良行为的消极后果相比,强调正面行为的积极成果对教师来说要愉悦得多。当课堂上的讨论转向谈论成功的案例而非重复失败的案例时,整个课堂氛围也随之一新。关注和肯定正面行为,能有效地激励更多积极表现。
>
> 一位幼儿的母亲开始反思表达肯定的效果。她想向她亲爱的孩子们表达他们在大多数时候是多么好、多么棒。她注意到自己很容易就会说出"你真聪明、真乖"之类的话。然而,这种说法在某种程度上说多少有些单调乏味。这位母亲还认为,"聪明"或"乖"这样的描述对孩子来说太过笼统。在思考这个问题的时候,她也恰好读到了所谓的"乖女孩负担"的话题,于是她意识到有必要换一种方式来传达肯定。在参加一个有效沟通课程时,她学到了使用肯定性我信息的方法。于是,在儿子足球比赛结束后,她对孩子说:"我非常欣赏你在球场上找到属于自己的一片天地。"这位母亲相信,与她只说"踢得不错"相比,孩子更喜欢这句话。

我信息也会影响我们的人际关系。与我信息相对的是你信息,人们在情急之下特别容易将这种信息脱口而出。你信息更多针对的是信息接收者，而没有真正表达出信息发送者在特定情境下的真实感受。比如："你就是这样——从来都不听话！""你就像你妈妈一样——总是对别人颐指气使！""你从不做你的分内事。"你信息通常包含了评判、批评或分析，往往会激发对方的防御心态和对抗情绪，从而在人际关系中形成绊脚石。我们常试图通过这样的人格攻击的沟通绊脚石来解决问题，本书稍后还会进一步探讨这一点。你信息直接针对的是对方的人格和个性，这会影响个人的自我认知。如果一个人反复被人说他很难相处、无能或愚蠢，他的自尊心就会逐渐受损。因此，**认识到你信息的风险极为重要**。相对而言，面质性我信息将注意力集中在对方的行为上而不是其人格上。在遇到困扰的情况下，描述一个人的行为更合理，因为行为能通过个人的努力来改变。我信息还为对方提供了表达他们内心体验的空间。清晰的我信息有助于减少关系中的误解。开放会带来坦诚，坦诚则会增强人与人之间的亲密感和信任感。

作为一种表达方式，我信息也遭到了一些批评。有观点认为，肯定性我信息不如你信息那样有效或有用，面质性我信息接受起来也没有你信息来得容易（Bippus & Young，2005）。有时候，我信息仍可能被视为带有指责意味。尽管我信息受到了这些批评，但它仍是自我管理和自我坚定自信表达的有效工具。当我们能够清楚地表达对我们而言重要的事情时，我们在决策的过程中就不容易被忽视或被跳过，从而有助于我们实现重要的目标。在人际沟通中，不针对对方人格的我信息有助于建立信任，维护个人尊严，并促进冲突解决。

思考

审视你的表达方式：

- 你是否负责任地表达自己的想法，始终使用我信息来沟通？
- 你是否常常在未经允许的情况下，就替他人或整个团队发表总结性意见？
- 你是否经常使用你信息来传达你所揣测的对方的情绪和想法？
- 你在哪些情况下会不自觉地使用你信息？再看看在这种情况下，你可以如何改用我信息来表达？

在人际沟通中，请你有意识地练习使用我信息来表达自己的感受、期待、想法和需求。试试看，这么做会发生什么？

反馈

使用应答性我信息和预防性我信息

我今年正在攻读硕士学位，因此时间非常紧张。有时候，有些活动我无法参加，或者我根本不想去，因为我没有那么多的精力。

我不会找一些模棱两可的借口，或为不能参加而道歉，我会这么说："听着，我真的很累，几乎要筋疲力尽了。我知道这件事对你很重要。我们能下周一起去喝一杯咖啡吗？"

来自南非的母亲梅兰妮

我有时会被要求就我所从事的工作领域做演讲。之前，即使我知道这会让自己非常焦虑，也会硬着头皮答应。终于有一次有人请我演讲时，我说："不，我真的不想演讲。我太紧张了，压力太大，这不值得。不过，我还是很感谢你的邀请。"从这之后，我再也没做过演讲。

来自美国的商业女性莱拉

我下班回家后感到很累，不想马上准备晚餐。家里的其他三个人嚷嚷着饿，我对他们说："你们上班或上学都很累，我也有同样的感觉。我们可以休息一会儿后，再一起准备晚餐。或者如果你们不是很累，那么是否能先开始做一些准备？"现在，当我回家时，他们有时已经将晚餐准备好了，家里也被打扫得干干净净。

来自美国的教师安娜

最近，我和男朋友经历了一次可怕的"路怒症"。当我们驾车行驶在一条繁忙的街道上时，一个年轻人无缘无故地在我们面前猛打方向盘，导致我不得不急转弯以避免撞车。当我开车试图避开他时，他迅速把车停在我们必经的路前，然后下车站在他的车前，对我们做了一个粗俗的手势，我的男朋友也回了他一个。在我开车从他身边经过后，他迅速上车紧跟了我们好几分钟，直到我设法摆脱了他。这着实吓了我一跳！更让我害怕的是，我男朋友说他想下车和这个男人对质，这是我绝对不希望发生的事。第二天，在我们都冷静下来后，我对他说："我希望我们能谈谈，如果再发生这样的情况我们该如何处理。昨天的处理方式让我感到压力太大了。"他同意了。

来自美国的大学生玛丽

在刚结婚的那几年，我和丈夫总是不在同一个频道上。也许我觉得他不爱我，他也觉得我不爱他。也许只是因为我们有了孩子，我们才让这段婚姻继续了下去。我们认为这对我们的关系很不利。于是我们参加了一些课程，学习了爱的五种语言，然后我们都写下了自己的想法，比如："我是一个喜欢礼物的人。如果你送我礼物，我就会想，哦，你关心我，你爱我。"不过，我的丈夫不是一个喜欢礼物的人，而是一个喜欢惊喜时刻的人。如果我送他生日礼物，那么他根本不在乎。这让我困扰了很久。后来，在我们参加了P.E.T.和T.E.T工作坊后，他告诉我："如果是为我庆祝生日，那么我更喜欢和你多聊聊。如果我们能多聊聊、一起去做点什么，我就会从你这里感受到更多的爱。"原来，这对他来说才是更有意义的。

起初,我真的不知道这是他表达爱的方式。

来自中国的教师露西

使用面质性我信息

我认为这非常重要——我可以自如地使用我信息,告诉别人真相或我的真实想法,而不用担心他们会生气。

来自匈牙利的商业女性苏珊

在我家,我可以这样说:"天哪,老妈,我和我最好的朋友一进门你就让我去收拾洗碗机,我感觉很尴尬。"

彼得[①]

我儿子正在学开车。我们驱车前往小屋的路上,他开得非常快,我说:"你开得太快了,太快了。"当然,他对此非常抵触,说:"我开得才不快呢!"然后我想:"哦,哦,这么说是不对的!"于是,在他继续往前飞奔时,我说:"我们开得这么快,我感觉很紧张,我担心我们可能会出事故或被其他车撞到。"他放慢了速度——显然,他明白了我为什么会这么紧张。

来自美国的 P.E.T. 学员的玛丽

---

① 有趣的是,彼得(我们可以将他的名字"Peter"写成"P.E.T.er")的父母学习过 P.E.T.。

我学会了在不伤害女儿感情的情况下与她交流。在中国的和谐文化中，我们确实不想伤害他人的感情，所以有时我们可能不会说出自己的需求。这就是为什么我认为这是我在学习 P.E.T. 的过程中最大的收获。我现在也在和中国的许多父母分享——你可以毫不犹豫、毫无顾忌地表达自己的需求。

来自中国的 P.E.T. 讲师林琳

我看到一位母亲发生了巨大的变化。她曾经常对她三岁的儿子使用你信息，比如，"你不应该那样做"或"你必须那样做"。这个男孩在幼儿园里出现了很多问题，其中最严重的是，他对其他孩子非常暴力。为此，她来到我的 P.E.T. 课程中学习。通过学习，她不仅学会了使用我信息，还学会了积极倾听。课程结束后，她对她的儿子说："哦，我不喜欢你打你的朋友，因为他开始哭了，我为他感到难过。"她的儿子听后，就开始对他的朋友友好起来了。

来自日本的 P.E.T. 讲师爱子

核心技能 3：社会意识

学习目标：体验和展现共情。

反映社会意识技能的典型问题包括：

- 对方对此有何想法或感受？
- 对方的价值观、目标、期待和需求是什么？
- 我如何帮助他人认识到他们的价值观、目标、期待和需求？
- 对方的这种特定行为是在向我传达什么？

　　课间休息时，教师休息室内常常很嘈杂。有的教师刚刚结束数个小时高度集中注意力的教学工作，来这里歇息片刻，喝杯咖啡；有的教师正忙于与学校的秘书协调各种事务；还有的教师正在与同事共同策划即将进行的主题周活动。从旁观者的视角来看，这里除了有人提问或发表意见时有人回应外，其余并未呈现太多明显的机制。其他时刻，每个人只是简单地说说话、提提问或讲讲观点，不太会关注他人。有时候，大家在教师休息室内说话，并非为了寻求真正的回应，而只是为了说出自己的想法——不是对别人说，而是自言自语。这样的交流并不符合有效沟通的标准，好的沟通要求听者关注对方所说的内容，并在回应中表达出对对方所说内容的理解。仅仅在同一时间说话，并不能真正推动事情和想法的进一步发展——真正需要的是，表达与倾听的有序交替进行。

社会意识难以明确定义，它涉及多个维度，目前还没有一个公认的定义。在本书中，我们着重探讨的是在社交中对自我和他人的社会意识。具有社会意识的人关注周遭人的想法、经历和感受。他们能意识到自己仅是众多个体中的一员，每个人都会影响到他人。他们明白自己在支持他人澄清问题、渡过难关时的价值，也懂得在遇到困难时向他人寻求帮助。一个具有社会意识的人不仅认为向他人分享自己的快乐和成功很有意义，还很重视参与到他人的喜悦和幸福时刻中。总体来说，培养并维持人际关系对于具有社会意识的人极为重要。

一个具有社会意识的人希望了解他人的想法。因此，倾听技巧是高质量沟通不可或缺的一部分。倾听看似简单——我们允许说话者充分表达他们的期待、需求、观察和感受，乃至他们内心的任何想法；实际上，**倾听并非易事**。因为对方的话往往会引发我们产生一些自己的想法，然后我们很快就会发现，自己的想法与对方的本意相去甚远。

贾非常沮丧地走进家门，告诉父亲，有几个大一些的孩子要破坏他的自行车。父亲明确表示，第一，任何人都不允许损坏别人的财物；第二，欺负别人是不允许的，尤其是取笑那些比自己小的人更加让人厌恶。然后，他通过询问贾，弄清楚了那些孩子是谁，同时还有谁在院子里玩耍，以及自行车现在放在哪里。最后，父亲走到院子里，准备去解决这个问题。一出门，他看到贾的自行车完好无损，但旁边的那辆自行车的车灯却有些松动。

过了一会儿，贾所说的"罪魁祸首"的邻家男孩出来了。父亲刚想告诫他捉弄别人是多么懦弱的行为，但那个男孩却说，是他发现贾一直在摆弄他自行车的灯，于是他就威胁贾说，要是贾再不停手，他就也要这样对待贾的自行车。贾听后就不得不回家了。

父亲现在明白了贾的故事还有另外一面。在他回到家后，他问了贾一些问题，想弄清楚情况。贾说他原本只是想看看那个男孩的自行车灯是怎么装上去的，结果灯突然松动了。当父亲问贾为什么没有说实话，即贾有错在先时，贾终于承认，是因为他害怕父亲会生气。

成年人往往认为孩子讲述事情的方式不合逻辑。然而，大多数人在讲述时倾向于展示自己的正面形象，这其实是很常见的行为。在这个例子中，贾刚开始讲述事情，父亲就以为自己已经知道了自行车棚发生了什么。在贾讲到重点之前，父亲已经基于自己的想象构建了整个事件经过的"路线图"，并据此做出了判断。倘若贾有机会按照自己的方式讲述事情发展的全过程，而父亲不立即介入主导，他可能就会承认自己犯了错误并需要父亲的帮助来处理善后事宜。贾在和父亲说这件事时，他的本意是希望有一个成年人来帮助他解决他造成的困局，但他还未能成功地将这一信息传达给父亲。幸运的是，最终贾有机会完整地讲述整个事件，真实的情况也因此呈现了出来。

我们常将听到的信息与我们已有的文化、先前的经验或过往的听闻联系起来，这能更好地加强我们的记忆。不过，这么做会出现的问题是，我们的大脑在这个过程中很容易"添油加醋"，即在听到的信息中添加一些实际上并不存在的内容。因此，我们必须格外小心，才能将对方的实际话语和我们的主观臆想区分开。这也是学习心理咨询并希望成为心理咨询师的人必须首先接受咨询的原因——因为优秀的咨询师必须非常了解自己，这样才能清楚地将自身的问题和来访者的问题区分开。由于人们讲述事情的方式并不总是合乎逻辑，因此我们必须谨慎，避免仅凭假设就在头脑中构建事情的"路线图"。然而，遗憾的是，人们在工作中往往会基于对一名员工的既有印象来解读他所说的信息。比如，一名被认为是反对者的员工，与一名被认为是支持者的员工，他们所反馈的信息被大家接受的程度往往是有区别的。我们在倾听时，很容易受到这种既有评判的影响。

这些"路线图"从哪里来？心理学中讨论了内部模型或认知图式（Lehtinen，Kuusinen，& Vauras，2007）。我们总是基于已有认知、经验和习惯来处理新信息。当我们倾听他人时，很容易记起过去的类似情境，并开始寻找其相似之处。这种机制通常非常有用，有助于我们加深记忆。然而，这也给我们的倾听带来了挑战，因为倾听的目标是要从对方的角度而不是从我们自己的角度理解对方。此外，这样的心理模式还可能让我们陷入自己的假设和观点中，从而拒绝接受对方的观点。

> 20世纪90年代，青少年监狱的年轻人接受了沟通技巧的培训。年轻的囚犯们表示，身体触碰尤其是被其他男性触摸，让他们感觉很不舒服。对他们来说，触碰通常只与负面记忆相关联，比如，有人触摸他们的肩膀并不能给他们带来安慰，也起不到鼓励他们表达自己的作用，反而会让他们联想起手或肩膀被推拉着带到校长办公室接受训诫、带上警车或押进牢房的情景。在一次课程中，

> 课程讲师与年轻人进行了握手相关的练习，以便他们在未来的工作生活中能有握手的经验。

社会意识还包括区分他人的行为和我们的评判。我们常常会给孩子贴上"顽皮"或"乖巧"的标签，将员工归类为"勤勉"或"懒惰"，认为配偶"无聊"，评价顾客或客户"难缠"。当沟通从一开始就带有这些标签的色彩时，我们有可能无法中立地看待对方的行为，而是倾向于以某种固定模式解读。即便是一个中性评价，在我们的解读中也可能被赋予另一种全新的意义，而这可能并非信息发送者的实际意图。正因如此，学习倾听技巧尤为重要，因为这样可以帮助听者区分自己的解读和说话者的本意。我们有时甚至无须任何言语，就已经对他人的某些行为进行了标签化。当我们无意识地被这种标签影响时，标签就成了沟通绊脚石。具备社会意识的人会意识到自己的理解可能会受到这种标签化解读的干扰，他们会保留这些解读，避免基于这些解读做出影响与他人关系的过度推断。

> 一位新来的同事走路时有这样的习惯：每走一步，他都会抬起脚尖、伸直膝盖，这让他看起来像每走一步都要小跳一下；他在走路时，手臂还经常前后有幅度地摆动。
>
> 同事们私下讨论了他们是如何看待他的走路方式的。许多人

说这代表了他的紧张和不安,也有人说这表达了他的欢乐和轻松,还有人说挥动手臂意味着他有活力。

后来,当他们对这位新同事越来越熟悉时,他们不得不承认,他的性格其实根本不像他们根据他的走路方式所推断的那样。大家发现,他是一个平静且富有同情心的人,很多人认为他给工作场域带来了井然有序的能量——这与他走路的方式恰恰相反。他真的只是走路的方式与其他人稍有不同而已。

大量研究揭示了说话者的身体姿态以及他们的手势和头部动作对沟通产生的影响。众所周知,人们会通过观察对方的微表情和肢体语言来感知对方正在经历什么样的情绪。具备社会意识的人会关注对方的反应,但与此同时他们也明白,人们如何通过肢体语言表达特定的情绪并没有固定的准则,因为沟通方式还深受环境和文化的塑造。了解他人内心世界的最佳方式是让他们自己用语言描述,这样听者就可以根据对方提供的这些新信息来深化自己的理解了。

倾听与被倾听

被倾听是一种重要的体验。整个过程始于说话者自我反思并形成观点,之后将想法表达给听者;听者接收这些信息,并尽量忠实于说话者的原意,不加入自己的解释。如果听者觉得信息不清晰,他们就会向说话者进行进一步核实。一个善于积极倾听的人能简要复述说话者表达的关键事实和感受,以便说话者能了解他们所说的在听者那里的反馈。这个过程不仅有助于听者更深入地理解说话者真正想要传达的意思,对说话者也大有裨益,能帮助他更清晰地梳理问题。

有时,工作团队内部会出现一种令工作难以推进的氛围。空气中可能弥漫着挫败、失望、担忧或冷漠等情绪。为了改善这种情况,团队领导者可以表达他对工作氛围变得日益不利的担忧,然后转换至倾听模式。这样做的目的是提供一个空间,让员工有机会用语言敞开表达他们的情绪。尽管没有谁指望团队主管担任心理咨询师的角色,但确保团队有一个良好的工作氛围是其职责所在。因此,倾听团队成员与工作相关的情绪理应成为其管理工作的一部分。敞开式对话对所有相关成员都是有益的,因为这样能让他们听到彼此的想法——不仅包括他们意料之中的,还包括意料之外的。在感受被理解后,问题的解决就会开始变得更加容易。当然,在这个过程中,重要的是每个人都只谈论自己的感受和经历,避免评判和指责他人。在面对更具挑战性的复杂情况时,如果有可能,那么最好让团队成员先行写下自己想表达的内容,然后再进行公开讨论,这样能更有效。

学生辅导员经常说，在询问学生的未来计划或兴趣爱好时，得到的回答常常是"我不知道"。如果学生完全无法表达自己的兴趣所在和目标所向，那么制订职业规划就会变得十分困难。通常情况正是这样——年轻人真的不清楚最佳选择是什么，因为他们无法想象自己10年或20年后的样子。在我们这个时代，年轻人生活在选择的迷宫中，必须不断就自己未来前进的方向做出决策。虽然这增强了自由的感觉，但有些年轻人却发现，要持续做出对未来影响深远的决策颇为艰难。

为了帮助年轻人选择职业方向，学生辅导员可以倾听他们内心的矛盾想法，协助他们梳理思路，而不是迫使他们做出某个单一的选择。**帮助他人表达自我的一个有效方法就是，给他一个表达自我的机会!** 虽然这听起来似乎很简单，但在生活节奏飞快的今天，似乎没有人有时间去倾听他人的心声。也许我们会认为，如果我仅仅倾听他人并给予对方空间，那么这似乎是在浪费自己的时间。似乎只有比这个更具体的成果，才能证明我的生活是有意义和有成效的。

然而，强加给某人一个解决方案，通常难以取得好结果。因为人们通常只会全身心地投入自己选择的解决方案中，且只会主动对自己的方案负责。如果接受了他人提供的解决方案，那么往往只是被动地接受，并在缺乏内驱力的情况下去完成，这样的方案仍然是属于他人的。

从教学效果的角度来看，师生之间互动的质量、学生在课上及学习过程中得到教师倾听的程度，都是非常重要的考量因素。然而，在实际教学中有时很明显的是，教师只是基于对学生心理活动的猜测来备课的。教师会非常仔细地准备课程，备课计划有时会精确到每五分钟的安排。在教师的计划中，他们会考虑诸如如何引导学生学习新内容，如何指导学生完成教学任务，以及可以使用什么样的开场白来引出学习内容。不过，这样的教案存在着一个这样的问题：他们通常是基于教师单方面对课程的预期计划而制订的。有经验的教师则知道，学生们经常有许多与备课计划无关的想法和意见。然而，从学生作为学习者的角度来看，分享自己的想法可能对他们自身或整个学习团体都是极具意义的。因此，备课计划需要有足够的灵活性，以备不时之需，这一点对教师来说相当有挑战。

同样，在工作场所，人们常常纠结是否应该让员工对自己的工作有一定的发言权，或者是否应该坚持所有指令都由上级来直接下达。这反映了一种态度问题：当教师或领导放弃全知全能的控制者角色，转而成为更类似于教练或顾问的角色时，他们与学生或员工的互动尤其是倾听技巧，将会得到明显改善。这种方式不仅能使任务规划变得更加容易，还能显著提高学生或员工的积极性，因为他们参与的是自己设定的任务。然而，这种方法同时也会让预测和控制一切变得更加困难。因此，找到这样的一种平衡是非常关键的：

既要遵循教师或领导的指导，又要给予学生或员工一定的自主权。一位具备社会意识的教师或领导深知，**有效的沟通对激发学习热情或工作动力意义重大**。

在未来的世界里，倾听技巧将会越发重要，因为届时我们需要与来自完全不同文化背景的人交流。一个人正是通过使用倾听和其他信息接收的技能（比如文化素养），才能更好地了解自己所处的社会环境。尽管不同文化在信息表达方式上有所不同，但倾听技巧在全球范围内都备受推崇。文化差异主要体现在倾听的具体方式上，例如，在芬兰，一个好的倾听者通常不会打断说话者；而在拉丁美洲或南欧，沉默的倾听则很少见。在芬兰的文化中，不时与说话者进行眼神交流可以传递共情；而在阿拉伯文化中，这可能会被视为说话者在发起辩论挑战。

在倾听来自不同文化背景的人说话时，认识到我们表达自己的方式存在差异是非常关键的。一个好的倾听者不会以自己的文化视角去解读其他文化的表达，而是试着以开放的心态接收信息。这往往很难做到，因为每个人都深受自身文化的影响。然而，如果我们能够有意识地接受不同文化间在表达方式上的差异，就能更深入地理解对方想要表达的核心信息。当然，了解不同文化的习俗和规范也是极为重要的，这有助于我们更全面地理解他人的沟通方式。总之，**在沟通中，了解彼此的文化背景是非常有必要的**。即使是来自同一文化背景的人，其自我表达的方式也可能因教育背景、性格特点、过往经历或情绪状态的不同而有所区别。

具备社会意识的人知道自己被他人需要

经验丰富的教师能为学习者提供机会，让他们在正式进入学习前能够表达他们的情绪、需求和目标。关于大脑的最新研究表明，当学习者因为受到某种困扰而处于情绪波动中时，他们无法使用眶－额皮质（orbit-frontal cortex）——这是大脑中的一个关键区域，负责评估和思考事物的意义，寻找新旧知识的联系（Goleman，2007）。当学习者处于情绪波动的状态下时，往往只能将精力集中于自我保护上，这可能表现为"战斗或逃跑"反应。在这样的情况下，学习极难有效发生。

当孩子处于情绪波动时，我们往往会本能地做出恰当的反应。比如，当孩子开始哭泣时，我们便会关切地问他："发生什么事了？"如果孩子说他因为某事而感到害怕，我们可能就会一边说"真的吗？哦，天哪"，一边抱起孩子。孩子会慢慢地在成年人这样的保护下平静下来。在这种情形下，成年人会放下其他事情，专注于孩子，直到他平静下来。**孩子不需要成年人讲道理，他需要的只是一个愿意分享或接纳他的情绪的成年人。**

当成年人表达愤怒和不满时，我们往往会试着引导他们进行理性思考。我们会解释为什么我们没有按照他们希望的那样做，还可能会提供一些看似有助于解决问题的建议，比如："我们现在没有时间浪费了，你现在也应该改变一下你的态度。"有时可能还会责备他们的态度，对他们进行说教，甚至对他们的行为发出警告。我们还可能会表达自己的情绪，并与他们的情绪进行比较，比如："是的，我也对这种情况感到非常厌烦！"听到对方的事情，回顾自己经历的方式也很常见，比如："我以前也遇到过同样的事情。"有时甚至会说："哦，这算什么，我曾经遇到过更糟糕的事情。"还可能使用其他轻视或贬低对方的回应方式，比如："你现在不觉得你反应过头了吗？""这种事情对我们所有人来说都是家常便饭。""那你有什么更好的办法吗？""比起你的问题，现在还有更迫切的问题要处理。"

这类信息被称为绊脚石，因为它们阻碍了沟通的正常进行——说话者的信息并未被接收到，而是被这样的方式阻碍了。如果说话者的困扰不大，只是日常的小烦恼，并且双方的关系正常，这可能不会造成太大的影响；相反，如果说话者有困扰并且需要帮助，使用这些绊脚石就会使解决问题变得更加困难，甚至有损双方关系。

对于一个正处于情绪波动中的人，我们应该如何和他说话呢？正如一个处于情绪波动中的孩子所需要的那样，哪怕是成年人，在这种情况下同样需要对方停下手中的事，并为其提供一个安全的空间去表达内心的感受。当处于情绪波动中时，人们最需要的是共情，而要实现这一点，最好的方法就是我们停止做其他的事情，清空自己头脑中的想法，全心全意地陪伴在对方身边。这在双方关系非常密切或者对方情绪困扰非常激烈时，仅仅做到这一点就已经非常困难。哪怕是专业人员，也要练习保持这种陪伴。如果我们觉察到自己对对方问题的态度不够中立，那么最好及时向对方坦白这一点："我发现我对这个问题很难保持完全的中立，还是只听你说吧。"

对运用深度倾听保持警觉

在本章中，我们探讨了许多阻碍倾听的行为。与普遍的误解相反的事实是，当一个人情绪剧烈波动时，他往往不想听他人的建议，除非他明确提出需要建议的帮助请求。起初，说话者可能会受到各种强烈情绪的困扰，无法进行清晰的思考。只有当他的情绪平息下来，并且大脑能够处理需要逻辑推理的信息时，才是对其提出建议的合适时机。

然而，在有些情况下，我们与他人的对话并不一定会进行得特别深入。我们肯定都经历过这样的情况：每个人都在同时说话，但这往往并不会引起任何问题。此时，双方的情绪波动通常也不是很激烈，对话就像闲聊或随性交流。不过，在对话刚开始进行时，保持警觉是有益的，因为即使是闲聊也可能会偶然或突如其来地演变成需要深度倾听的情况，这时就需要运用有效的沟通技巧。通过先去倾听对方，我们就能更好地判断对话进行到了什么程度。分享一条经验法则：**与他人对话时，无论对方是否有情绪波动，使用倾听技巧都是明智之举。**

在前文提到的关于贾和父亲的案例中，如果父亲换一种说法和做法，双方的交流可能就是另一个版本：

> 贾情绪激动地来告诉父亲，有几个大孩子打算破坏他的自行车。父亲立刻停下手头的事情，走向贾，给予他关注，并请贾从头讲述整件事。贾告诉父亲，邻家男孩说他的自行车很快就会出事。
>
> 父亲："你真的很担心你的自行车会出什么事。"
>
> 贾："对，是车灯。"
>
> 父亲："车灯？所以你特别担心你的车灯会出问题。"
>
> 贾："是的，那个男孩想报复我，打算破坏我的车灯。"
>
> 父亲："嗯。那个邻家男孩因为对你有些生气，你现在担心他会报复。我们该怎么解决这个问题，你有什么想法吗？"
>
> 贾："去告诉他不要动我的车灯。"
>
> 父亲："既然你认为这是一种报复，那么我们得先弄清楚在那个男孩威胁你之前，你做了什么。"

贾:"我什么都没做!"

父亲:"那么,这不是报复,对吗?报复通常是因为某人先做了什么,别人才会做出相应的回应。"

贾:"我什么都没做。我只是想看看另一辆自行车上的灯是怎么安装上去的。"

父亲:"所以,你觉得你几乎没碰那盏灯。"

贾:"对,我只是轻轻一碰,那灯就掉了下来。"

父亲:"因为你轻轻一碰,灯就掉下来了,所以现在邻居男孩正在生你的气。"

贾:"我试着把车灯装回去,但没成功。我想我们也许可以一起把车灯装回去。"

父亲:"好的。让我们找到自行车的主人,然后一起看看如何将车灯装回去。"

思考

- 你通常喜欢与家人或朋友分享哪些事情?是关于未来的期待、过往的回忆,还是对某些事情的看法?你了解身边亲近的人对生活有什么期待和梦想吗?
- 你会使用什么方式让他人感受到你在认真地倾听他们?

- 回想一下曾经让你感觉到自己被真正倾听的人。他们做了什么、没做什么？他们说了什么？他们的肢体语言传递了什么？是什么让你觉得他们的倾听对你很有帮助？
- 你是否经常遇到别人不停地说，而你实际上已经不想听了的情况？这时你会怎么做？
- 在需要倾听的情况下，除了倾听，你通常还想做什么？
- 留意一下电视上、工作中、朋友间以及家庭里的沟通，你发现了哪些不同的倾听方式？你观察到了哪些阻碍倾听的形式？

社会意识提升工具　倾听技巧

　　倾听他人是提高社会意识和总体沟通技能的关键工具。只有通过倾听，我们才能更加深入地理解他人及他们的经历。我们不应只顾自说自话、忽视对方，而应将注意力放在对方身上，专注于倾听对方。倾听是培养共情的基石。

　　大部分时候，我们需要做的只是为对方提供说话的空间，并真诚地陪伴在他们身边。这在实际操作中具体怎么做呢？我们要先闭上嘴巴，保持沉默，让对方有充分的空间表达自己，这就是所谓的基本倾听。在倾听他人时，重要的是放下手头其他的事情，全然地关注对方。倾听不仅可以通过表情、手势和体态无声地传达，还可以通过一些简短的口头回应（比如，"啊哈""嗯哼""好的"，等等），以及提出一些开放性的小请求来帮助说话者继续他们的倾诉，即所谓的"门把手"（比如，"请多告诉我一些""继续说"，等等）。通过这些方式（比如，保持安静、进行眼神交流、停止其他活动、面对说话者等），我们可以向对方明确展现出倾听的态度。

我们可以通过眼神交流或简短口头回应等方式鼓励说话者，让他们知道可以继续讲述。在运用这些倾听技巧时，我们还需意识到它们在不同情境下的适用性和有效性。作为倾听者，我们必须尽一切努力让说话者相信，我们正在全然地倾听他，他所说的才是当下最重要的。要想做一个好的倾听者，就要避免被自己的想法带走，而应专注于对方。这往往非常困难，尤其是当我们被对方所说的深深触动时。给予对方空间表达出他所想表达的是倾听技巧的一部分。

应当注意的是，当说话者正试图用言语表达自己的思路时，作为倾听者，应该意识到自己作为信息接收方的角色十分重要。具备良好社交与情感技能的人明白，给予他人空间的倾听技巧，与照顾自己需求的自我表达技巧同样重要。倾听者最重要的任务是通过倾听协助说话者整理思路。在说话者讲述自己的问题时，他会将复杂思绪处理成可以描述的概念，这个过程有助于他厘清这些复杂的思绪，当然，这需要依靠一个能够接收信息的倾听者。倾听技巧还包括当说话者在寻找合适词句、似乎一下子难以继续讲述时，避免为其提供建议或代为补充。一个好的倾听者能够应对说话者的暂时停顿和不连贯表达，做到不打断、不插话。他明白说话者正致力于将自己的思考提升到一个更加概念化的层面，这将帮助说话者以新的视角看待问题，甚至有可能直接解决问题。

倾听技巧的一个重要方面是，倾听者允许说话者按照适合他们自己的节奏进行。当说话者感觉到自己在对话中处于主导地位时，会产生自主感、责任感和参与感，从而逐渐深入到问题的核心。倘若倾听者开始用自认为的关键方向来引导说话者时，说话者就会陷入被动，可能永远也无法触及真正问题的核心。此时，倾听者只是听到了自己想听的，而不是说话者真正的核心问题。

通常，倾听者会通过提出大量问题来引导对话，说话者则需要回应这些问题，对话很快就会陷入一种类似于调查的情境。在这种情境中，倾听者充当了控制者的角色，往往以为自己最清楚说话者的问题应该如何处理，他会在自己的脑海中构建一幅事件进展和相互关系的"路线图"，并通过向说话者提问来验证这一"路线图"的准确性。然而，问题在于，说话者本人才是自己想法和生活的行家，因此理应跟随他们自己的"路线图"来对话。从倾听者的角度来看，说话者的述说也许不合逻辑或毫无章法，但如果倾听者因此就开始根据自己想象的"路线图"来引导对话，他可能就永远都无法帮助说话者实现解决问题的目标。

作为一个好的倾听者，会尽其所能地站在说话者自身的视角来倾听他所面临的问题。倾听者往往无须做太多，只需给予说话者足够的空间和关注即可。我们都有过被倾听的经历，停下来想一想，当时对方是如何让我们感到被倾听的，然后用同样的方式去倾听他人，这是很好的做法。然而，要辨认沟通情境中哪种行为是合适的倾听行为，则需要具备敏锐的感知力。在倾听情境中，评估倾听者应该做什么和不应该做什么的一个标准是，应该从说话者的角度来考虑，什么样的方式能更好地帮助他们。比如，如果我们为对方提供一把椅子，然后面对面地坐下，而不是像在车里那样并排坐着、朝着同一个方向，对方可能就会感到不自在。在倾听孩子的烦恼或担忧时，温柔的抚摸可能会让孩子感觉很自然，但在成年人之间，这种抚摸可能会让人感觉很奇怪。

在积极倾听中，我们通过将所理解的信息反馈给说话者来核实我们所听到的内容。然后，我们同时倾听对方的言语和非言语表达，并通过我们的口头言语反馈对方的感受、期待或需求，同时向对方核实我们是否正确听到了他的心声，比如："你看起来很担心。""我是否理解正确，你认为……""对你来说，……很重要"。随后，对方可以确认或纠正我们所反馈的内容。

当我们倾听时，会设身处地地将自己置于对方的位置，尝试通过对方的视角看待问题，并思考背后到底是什么样的感受、期待和需求促使他说出了这些话。这种态度传递出了尊重和理解，这就是我们要使用积极倾听的原因所在。尤其是当我们注意到对方实际传达出了他的感受或需求，但还没能用言语确切地表达出来时，或者当他在表达强烈情绪、为自己辩护或持相反意见时，使用积极倾听尤为有价值。通过积极倾听，我们还表达了理解对方经历的意愿。这是基于这样一种观点：所有的情绪都是被允许的，尽管它们并不总是那么容易直面，但无论如何都是被允许的。情绪就是它的存在本身，它允许被倾听和被表达。

通常，说话者并不能准确地使用描述感受的词汇来表达自己的情绪。比如，说话者可能会说："我们团队又出现了一些奇怪的情况。会议时间突然改了，连问都没问我一声。显然，他们不在乎我的想法。"积极倾听的要点在于，倾听者需要把说话者所说的事实和感受简洁明了地反馈给他，比如："所以让你感到沮丧的是，会议时间更改了，而且没有问你的意见，尽管你本想参加。"倾听者不会加入自己的想法（比如，"或许他们只是犯了个错，没有想到要通知你吧"），而仅使用说话者自己所说的信息作为反馈的素材。简要概括说话者所说的信息往往能深化他的思考，还可能给他提供一个新的视角。在积极倾听中，倾听者并不是像鹦鹉学舌一样机械地重复对方的话，而是通过整理、组织和改述说话者所说的，寻找他真正想要表达的核心。

在积极倾听中，我们会用语言表达出对方的感受。情绪冰山理论能帮助倾听者识别情绪并用语言描述出来。这样一来，情绪就可以被看见，并且能变得更容易处理。如果情绪未能通过语言表达却又强烈存在，那么要进一步通过对话来帮助说话者解决问题可能就会很困难。有时在积极倾听中，我们会误解并错误地描述说话者的感受。不过，这并不要紧，因为说话者有机会来纠正这一错误："我并不是沮丧，而是真的很失望。"哪怕只是像上述这样未必准确的倾听后的表述，也会向说话者传达这样的信息：他们的经历正在被听到，而且我们正努力尝试去理解。

然而，并非所有对话都需要进入到很深的层次。我们经常遇到多人同时说话的情况，这并不会引起什么特别的问题。尽管如此，保持警觉总是很有必要的，因为可能在不经意或突然之间，我们就会遇到需要深度倾听并运用倾听技巧的时候。在这些时刻，通过倾听表达对对方的尊重和重视显得尤为重要。

积极倾听他人是社会意识的核心要素。总的来说，积极倾听的目的是让对方体验到自己以及自己的情绪被接纳。感到被理解、被认可和被接纳，对一个人来说意义非凡，这种体验能激发他在情绪和认知两个层面上更好地处理自身问题。积极倾听是支持和引导他人最关键的技能。

> 三岁的哥哥和一岁的妹妹在客厅里玩耍，他们的母亲在浴室里晾衣服。没过多久，母亲就听到哥哥生气地说："你不能拿我的车！"随后，妹妹开始大哭。母亲感到沮丧，因为她不得不中断自己手头的事情去处理这场争吵。很快，妹妹哭着站在浴室门口。母亲既没有去安慰妹妹，也没有去责备哥哥，而是想起了积极倾听的技巧。她对妹妹说："哥哥抢了你的车，你一定很生气吧？"还不会说话的妹妹"嗯"了一声，停止了哭泣，然后转身回到客厅又继续去玩了。母亲对此感到惊讶。孩子只是想被听见，感受到母亲的理解。在她的情绪得到理解和接纳后，她就不再需要哭泣了。她可以继续做别的事情，生活也就继续前进了。

思考

观察自己的倾听方式：

- 你做到耐心倾听了吗？
- 你是如何让对方知道你对他所说的感兴趣并正在认真地倾听他？
- 在哪些情况下、对哪些人，你发现自己很难做到只是倾听，为什么？

- 在对方有困扰的情况下使用积极倾听技巧，会发生什么？会有什么帮助？倾听有什么难点？

思考你需要怎么做才能进一步提升积极倾听技巧，以便更好地倾听。

💡 反馈

使用倾听技巧

在我们家，父母总能倾听我们，也很支持我们。我们总能敞开心扉表达自己的感受和想法。我们所有的情绪都会被接纳，即使有些可能不是所谓"好的情绪"。他们会与我们交谈，并给予我们时间，让我们自己去处理问题。我知道我的那些朋友的家庭并不使用这种"戈登方法"，他们的父母没有参加过与这相关的课程。所以我的朋友会跟我说："我的父母只劝我继续前进、不要担心。"他们不会倾听孩子，甚至会说"没什么大不了的，有什么好怕的"。

来自芬兰的凯萨，她的母亲使用 P.E.T. 方法养育她

让对方说完，然后让情绪就此打住，其实是很容易的。如果我儿子回家时看起来很沮丧，我就会说："哦，你今天看起来有点不对劲。一切还好吗？""不好，我对我的英语老师很生气。她不喜

欢我的演讲。""所以你觉得你的演讲没有得到老师足够的关注，对吗？""是啊，反正她也不那么好。""所以你和她的关系没有达到你想要的程度，对吗？"我们的对话都是类似这样的风格。我认为这有助于与孩子们建立一种更真诚、更开放的沟通方式，而不是只在有重大事件发生时才与他们交流。要知道，与他们交流那些日常的小事同样很有必要。

来自美国的 P.E.T. 学员史蒂夫

我在十六七岁的时候，曾在一个音乐假期营担任助理老师。当时有一个大约四五岁的小男孩，他的父亲在他前一年参加同一营地时去世了。所以我觉得对他而言，重返这个环境肯定非常困难。他一直都显得很沮丧，什么课都不愿意上，看上去真的很痛苦。我对他进行了大量的积极倾听，虽然实际上，他从未谈起过他父亲的事。我跟他说了很多类似"看起来你很难过"的话，帮助他说出当时的困扰。在这之后的课程中，他都不想离开我身边。

记得有一次，一位老师对他完全失去了耐心，放弃他然后走开了。他躲在桌子下，那位老师让他出来，但他就是不出来。等那位老师走后，我就过去陪他坐了一会儿，然后他就平静下来了。

来自澳大利亚的伊恩，他的父母使用 P.E.T. 方法养育他

很多时候，尤其是在以前，我总觉得我永远都没有发言权。我

虽然一直在说话，却感觉没人真正听我说。但当我的父母开始真正倾听我并表现出他们确实理解我所说的内容时，我就会想："哦，他们可能真的在听我说话。"这样我就不必过于情绪化了，因为我知道他们是理解我的。

来自中国的约翰，他的父母使用 P.E.T. 方法养育他

我的二儿子非常热爱运动，是一名出色的游泳和水球运动员，获得过校队冠军等荣誉。但今年，他和他的教练都注意到，他似乎对比赛失去了兴趣，经常迟到，参与度也不高。我们进行了很多次积极倾听，试图找出问题的根本，最后发现一开始所有我们以为的原因都不对。经过努力，我们明白了，是他觉得队里的前辈们不喜欢他，缺乏他在其他队里感受到的那种包容氛围和兄弟情谊。通过积极倾听，他才说出"我觉得我的朋友们不太喜欢我"这句话，而这并非他最初会脱口而出的话，之前他总是说"训练太早了"或"我的作业太多了"，直到这时才说出真正原因。真相隐藏在所有你最初看到的事情下面，实际上是他与队友在泳池外可能会断了联系，所以他不太愿意去外地比赛，也不太愿意住在酒店里。所以我认为，如果不深入挖掘找到根本原因，我们将浪费大把的时间去解决并非真正的问题。

来自美国的泰德，他的父母使用 P.E.T. 方法养育他

我记得有很多次，当我的朋友们带着困扰找到我时，我当然喜欢倾听他们、帮助他们，但我还很年轻。所以最后，我的建议是"去和你爸爸谈谈，或者去和你妈妈谈谈"。而我的朋友的回答是"你疯了吗？他们会对我大喊大叫！他们不会理解的。他们根本不会听我说。他们只会惩罚我"。但当我在学校遇到困扰时，我会去和我的父母谈——即使我有错！

来自墨西哥的伊曼纽尔，他的父母使用 P.E.T. 方法养育他

我是一名工程师，在参加了 L.E.T. 课程两周后，我刚好被派去解决一个建筑工地上发生的重大健康和安全问题。这个建筑工地位于世界上最大的水坝所在地，那里事故频发，几年前甚至还因工人心怀不满造成了数百万美元损失。

带着新学的 L.E.T. 技巧，我心情轻松地飞往现场。我对自己说："我要倾听他们！"到达后，我发现一名工人组长已经在前一天下令他组内的工人们当天不用去常规岗位，而是去食堂报到，与我这位飞过来的解决安全问题的工程师一起开会。因此，当时在食堂里聚集了大约有 80 名工人，气氛十分紧张。我一到，就感觉到危机暗涌。

"你只是城里的工程师，怎么帮得了我们？"一些工人质疑道。接下来的两个小时，我只是专注地积极倾听他们所关切的事情以及他们的感受。尽管一开始工人们充满了敌对和防备，但情绪逐渐

缓和了。午餐后，会议继续，我继续倾听。渐渐地，工人们感觉他们可以参与到解决方案中来。若是两周前我没学习过倾听技巧，就不会知道如何处理这种敏感而严峻的问题了。这个课程对我很有帮助，要知道在几周前，我几乎还完全不知道怎么办，但此时我竟然成功了！通过那次的积极倾听和问题解决，工人们之间的冲突减少了，工时损失和伤亡人数也相应减少了。

来自加拿大的 L.E.T. 学员汤姆

去年的一天早上，我像往常一样去沿河的市图书馆。当我路过河上那座桥时，突然听到了一个女人悲伤的哭泣声。我循声望去，看到她怀里抱着一个婴儿。许多路人也都很惊讶，同时也很友善——他们都知道她遇到了麻烦。一些人走向她并想去帮助她，但我意识到他们在使用绊脚石。一个老太太递给她几百元钱，那女人回答说："大娘，我不需要钱！"有人说："一定是她的丈夫出了问题。"还有人安慰她："别担心，别难过。"对此，她没有回应，继续哭泣，而且哭得很厉害。当时，我有点犹豫要不要去帮助她。我想了想，决定必须过去试试看。于是，我走过去，蹲在她身边对她说："哦，你一定是遇到了什么可怕的事情，让你受不了了。"她一听，立即抬起头，惊讶地点点头。然后她告诉了我很多关于她的生活、家庭、丈夫和生病的母亲的事情。原来她经历了这么多可怕的事情，难怪她哭得那么伤心、那么绝望。我从心底里共情她。

我再次意识到绊脚石回应与积极倾听之间的区别。大约10分钟后——你知道，当时周围有很多人，他们大多在使用绊脚石回应，而我使用的是积极倾听，我感觉她比之前平静多了。后来，有人报了警，警察来了，帮助她离开了那里。离开前，她对我说了声"谢谢"。

来自中国的丽丽

核心技能 4：人际关系技能

学习目标：建立并维持积极的人际关系。

反映人际关系技能的典型问题包括：

- 我如何建立并维持友谊？
- 我如何在工作中建立有效的人际关系？
- 我如何提升家庭内部的沟通？
- 我如何提高学生团体中的团队精神？

  人际关系技能包括建立良好关系、进行团队合作，以及建设性地处理冲突。发展和提升人际关系是关乎我们生活中最重要的议题之一。在许多文化和许多国家中，家庭都是人际关系的基础，家庭成员共同分享生活的喜怒哀乐是人们日常生活中不可或缺的一部分。除了核心家庭成员外，家人还可能包括祖父母/外祖父母、叔伯/舅、姑妈/姨妈，以及表/堂兄弟姐妹，等等。在这些文化中，孩子在众人的陪伴下成长，形成了广泛的人际关系网络。在芬兰，核心家庭成员以外的亲戚往往不在孩子的人际关系网络中，因为父母并不总是与他们保持密切联系。然而，父母的朋友和邻居往往会形成一个家庭般的圈子，孩子在这个圈子中长大。在这个网络中，他们学到了人际关系的运作模式。另一个早期圈子是幼儿园里的人际关系网络，其中也包括来自核心家庭成员以外的孩子。如果孩子没有兄弟姐妹，与其他孩子的关系就显得尤为重要，因为这给孩子提供了不依赖成人照顾和指导的同伴关系经验。

当人们相互接触并开始相互影响时，关系就形成了。一种关系可以被视为亲密的、有害的、挑战的或无私的。有时，外人眼中的关系可能与当事人的感受完全不同。比如，年轻人的父母可能会从学业的角度出发，认为年轻人所结交的关系都有害，而年轻人自己则认为他所结交的关系亲密且无私。

如今，学习通常被认为发生在某种实践团体内，换句话说，我们需要与了解所学内容的人一起学习，并且需要与拥有相关信息的环境和人打交道来获取信息（Wenger，1998）。在最理想的情况下，班级或参加课程的学生组成一个实践团队，在这个团队中，每个成员都能够学到自己单独无法企及的知识。我们使用"最近发展区"（Vygotsky，1978）这个术语，指学生在努力达到下一个潜在技能水平时所进入的区域。在最近发展区内，学生与他人一起（比如，在老师的帮助下）可以完成需要更高技能水平的任务。

一起学习和工作非常有意义。不过，有时团队成员共同创造的潜力并没有得到充分利用；相反，他们往往被视作一群独立的个体。

> 员工会议开始了。部门的18名成员全部到齐。老板提前发来了议程，显然有许多问题需要讨论，至少需要两个小时！有些问题很简单，主要是传达信息，但有些问题则比较复杂。比如，需要决定由谁来负责新项目，以及员工希望公司下个季节安排什么样的休闲活动。
>
> 老板在会前要求一些员工提前为复杂的问题找出明确的解决方案，然后在会议上提出，以便每个人都能参与决策。会议开始后，问题被逐一提出并被决定。会议期间，没有人发表额外意见，也没有进行任何讨论。
>
> 老板对此很满意。他认为自己最终成功地让会议有条不紊地进行，没有将时间浪费在讨论上。然而，会议结束后，当员工起身拿外套时，他注意到人群中开始出现骚动。员工对会议所做决定的结果感到疑惑，开始互相询问意见。老板感到不解：既然大家已经为此准备得让问题很容易下决定了，为什么他们仍然不满意呢？

在这个例子中，老板几乎没有利用员工的专业知识。在会议中，员工本来希望能听到彼此的意见并展开讨论，以便更深入地了解问题。老板可能会为自己辩解说，讨论会占用大量宝贵的会议时间，没必要对每个问题都展开讨论。从某种程度上说，老板是对的。老板必须决定哪些问题需要讨论、哪些问题可以直接做决定。然而，给予参与者讨论的机会可以消除困惑、澄清想法，并带来新的观点。此外，讨论问题会让参与者对所做的决定产生认同感。

人际关系的范围非常广泛，因为它们包括所有相互影响的关系。因此，我们可以谈论医患关系、师生关系、司乘关系，或者父子关系等。由于家庭关系和校内关系在其他地方已经广泛讨论过（Gordon，2006，2004），因此我们在这里将重点讨论对学习来说很重要的关系——团队友谊和团队关系。根据当前的学习观点，从小学到大学乃至成人教育，**学习通常发生在团体内，并且是团队合作结果的体现**。在工作中，我们也越来越多地在团体和各种关系网络中进行协作。因此，研究团体内的互动和工作原则是很有必要的。

友谊

有时候，建立友谊并维持朋友关系是一种挑战。在日常忙碌的生活中，我们必须把注意力集中在工作、学习或家庭中的小圈子里。不过，也有不少人认为，除了这些亲密圈子中的人，还有其他一些人也可以被视为朋友。朋友可以是从小就相识的，也可以是在上学或工作中认识的，还可以是在某个时间或地点偶然遇到的。我们享受与之共度的时光，并希望与之继续分享生活，我们会把这样的人当作朋友。友谊给我们带来快乐和满足，同时也对我们的自尊、自信和社会发展产生积极影响（Berndt，2002；Bukowski，Hoza，& Boivin，1994）。有研究表明，友谊可以预防焦虑和抑郁（Brendgen et al.，2013）。

尽管友谊有时会在最意想不到的情况下产生，甚至可能仅存在于虚拟世界中，但真正的友谊可以基于双方的态度和互动来界定。**最好的友谊是双方都持有相互尊重的态度，关系也是对等的，这意味着双方都觉得自己在关系中既有付出也有收获**。当一方觉得自己长时间只是对方的帮手（比如，保姆或倾诉对象），而没有机会分享自己的问题时，很多友谊会逐渐消失。然而，朋友之间的角色往往是不同的。例如，一方可能更多地充当倾听者，另一方则在实际事务上提供帮助。双方从友谊中收获的往往也各不相同：一方可能获得安全感，另一方则得以从生活压力中恢复。双方的体验也可能与表面现象不同，外人无法轻易判断一段友谊是否对等。

友谊偶尔还需要付出和变通。这时，友谊可能看起来像是一方在利用另一方，而不是互惠。然而，如果友谊建立在良好且对等的基础上，而且目前付出较多的一方曾经从友谊中受益过，那么友谊是能够经受住这种暂时的、单方面付出的挑战的。

在对等的关系中，朋友之间能够被同等地倾听、理解和重视，表达和倾听交替进行，这是所有良好关系的基础。这些社交技能确保了持久且明显的相互尊重和欣赏。在冲突情况下，使用社交技能尤为重要，双方既要确保自己的需求得到满足，又要倾听对方的需求。在友谊中，双方的需求、感受、希望和目标都应得到充分的关注，为此，我们需要掌握发送和接收信息的技巧。

有时，友谊也会逐渐淡去，这并不奇怪。因为友谊有时建立在特定的生活环境或阶段之上，而当这些环境或阶段变得不再重要时，友谊的发展便会如此。在人们完成学业后，只有少数大学同学会继续保持联系，因为联结彼此的纽带因素已不复存在。小孩的父母们会在游乐场或通过孩子的兴趣爱好结识并成为朋友，但随着孩子长大并去了不同的学校上学，他们可能就不再联系了。可见，**友谊是由多种因素共同决定的**。

人际关系技能提升工具 1　避免绊脚石

有时我们促膝长谈，有时我们玩笑打闹、无理取闹或是发号施令。在有些关系中，适当的戏谑、适时的命令或适合的玩笑足以传达我们对对方的关怀和重视；但在有些关系中，则需通过直接表达来传递这份情感。相对而言，始终严肃或单纯客观的对话往往会显得单调乏味，沟通风格的多样变化时常会带来新意和乐趣。不过，我们必须清楚何时适合随意闲聊，何时不适合。

选择不适合情境的沟通方式，可能会有意或无意地削弱甚至阻碍社会情感学习及其在沟通中的体现。这种影响不仅涉及自我管理、社会意识和人际关系技能，还可能波及我们与人互动中涉及的社会情感学习的所有方面。错误的沟通方式会导致对话陷入僵局，甚至中断。有些话语无论是在什么情况下都不应该说出口，尽管这些话语在说者看来可能只是轻描淡写，但听者很少会这样理解。在戈登的有效沟通模型中，这些阻碍沟通的方式被称为绊脚石。

　　根据戈登的理论，绊脚石指的是那些贬低他人问题或忽视他人感受的否定性言语，它们会损害关系。当关系中的一方遇到困扰时，如果另一方使用绊脚石，就会阻碍双方的沟通，削弱彼此的关系。我们很容易碰到这些绊脚石，这往往是因为我们急于解决问题、想要转换更有趣的话题或者试图使用幽默来缓和气氛等。

　　绊脚石包括以下这些。

- 命令、指挥、指示：
  - "别想了。"
  - "别担心了。"
  - "别抱怨了，做好你自己的事情。"
  - "现在你就去告诉客户你犯的错误。"

- 威胁、警告：
  - "你要是不抓紧时间，就会丢掉工作。"
  - "你要是写作业时再走神，我就给你扣分。"
  - "你要是晚上 10 点前还不回家，下星期就没有零花钱。"

- 说教、教导、训斥：
  - "孩子应该尊重父母，可你却只会顶嘴。"
  - "你绝不能撒谎。"
  - "你应该立刻告诉你的老板。"

- 建议、提出意见或解决方案：
  - "只要别吃巧克力，你就不用担心变胖。"
  - "我认为你应该就这样算了。"
  - "如果我是你，我就会马上告诉老板。"

- 争论、以逻辑辩论：
  - "让我来告诉你，你的想法错在哪儿了。"
  - "根据经验，这在我们团队是行不通的。"
  - "难道你不明白吗？问题的关键在于……"
  - "在我年轻时，对老年人要尊重得多。"

- 责备、批评、评判：
  - "你是我见过的最无能的人。"
  - "看看你都造成了什么后果。"
  - "你为什么不事先想清楚？现在哭也没用了。"

- 赞美、讨好：
  - "你那么优秀，这个你肯定能搞定。"
  - "你让这个团队焕发光彩，这对你来说轻而易举。"
  - "你还是一如既往地完全正确。"

- 嘲讽、羞辱：
  - "爱哭鬼！"
  - "你总是对一切都那么挑剔。"
  - "你的行为像个幼儿园小朋友，可你现在明明已经是个高年级学生了。"
  - "你就是老板的大红人。"

- 分析、诊断：
  - "你只是嫉妒。"
  - "你这么做只是为了引起注意。"

- ◇ "我看你在工作技能上有欠缺。"
- ◇ "你看起来像是昨晚没睡好。"

- 安慰、同情：
  - ◇ "你不是唯一觉得这很难的人。"
  - ◇ "明天一切都会好起来的。"
  - ◇ "哦，可怜的小宝贝，这真的太糟糕了！"

- 追问、质问、审问：
  - ◇ "你是从什么时候开始这么想的？身为父母，我们从来没对你说过这种话。"
  - ◇ "是谁让你这么做的？"
  - ◇ "你为什么现在才提出来，而不是在我们讨论的时候？"

- 转移注意力、回避、开玩笑：
  - ◇ "我们谈点更有趣的事吧。"
  - ◇ "我们去吃午饭吧，忘掉这一切。"
  - ◇ "看来，有人一起床就走错路了。"
  - ◇ "你听说关于那个金发女郎的最新消息了吗……"

相对于绊脚石和你信息，我们可以用我信息来沟通。通常，比你信息更好的选择是倾听对方，让对方讲述自己的想法和感受。然而，我们需要记住的是，**只有在人与人之间的关系遇到困扰时，绊脚石才是绊脚石**。如果没有关系困扰，那么很多不同的沟通方式都可能是适合的。比如，如果使用命令、指示和分析的人得到了我们的许可，这些行为就不会被视为绊脚石。我们通常会把这种许可给予那些我们信任的、具有专业知识或专业背景的人，比如，老板、老师、治疗师或教练等。

思考

查看绊脚石列表：

- 你遇到过哪些绊脚石？
- 你使用过哪些绊脚石？
- 在哪些情况下，你可以使用积极倾听来代替绊脚石，并真的能做到倾听？

为自己写一条我信息，表达你的感受、想法或需求，检查并确保它只包含有关你自己的内容。

人际关系技能提升工具 2　换挡倾听——我信息和积极倾听

当引发分歧、不安或冲突的情形发生时，人际关系会面临挑战。我们在用面质性我信息干预他人不可接纳的行为时，需要运用积极倾听来表达对对方的尊重。这种换挡倾听的技巧在这种情况下尤为重要。在社会情感学习的各核心技能中，换挡倾听技巧特别有助于提升社会意识和人际关系技能。人们（尤其是成年人）往往不喜欢自己的行为被干预，因此发送面质性我信息可能会激起人们强烈的情绪反应和抵抗意愿，情况很容易变得激烈。举例如下：

> A："我来不及为会议做准备，因为你晚了半小时才来接我，我感觉很尴尬。"
>
> B："你昨天就应该做好准备。我特地过来接你真的很麻烦。"
>
> A："你总是迟到，这给我们所有人都带来了很多麻烦，你应该教教你自己怎么看时间。"
>
> B："如果你这么认为，那么从现在开始，你最好自己负责你的交通出行。"

在这个例子中，想解决问题的一方知道如何发送一个非责备性的面质性我信息来描述情况，但他忘记了倾听。在发出面质性我信息之后，智慧的做法是暂时从自己的问题中抽身，倾听对方，即使对方的行为让人恼火。积极倾听是在面质之后使用的工具，用来应对对方的抵抗。每当我们干预另一个人的行为时，都应该做好倾听的准备。这样一来，这个对话就可以变为这样了：

A："我来不及为会议做准备，因为你晚了半小时才来接我，我感觉很尴尬。"

B："你昨天就应该做好准备。我特地过来接你真的很麻烦。"

A："好吧，我猜你被我刚才说的话惹恼了。"

B："是的，来这里接你确实挺费劲的。"

A："是的，这次来接我确实给你增加了不少麻烦。"

B："对，确实多费了些事。"

A："我明白。我原本以为我们已经按照约定的时间表准备好了，我打算会前做些准备工作。可是，行程没有按计划进行，我在会议上陷入了尴尬的境地，这感觉真的很糟糕。"

B："嗯，我理解你的处境。对此我感到抱歉，这的确是我的问题。也许我们应该设法更精确地商量一下接送时间，你说呢？"

在这段对话中，双方交替使用了面质性我信息和换挡倾听的技巧。如果对方产生了强烈的情绪反应，那么明智的做法是停下来倾听，并反馈对对方情绪的理解。不过，重要的是要记住，**话的起点是对方的问题行为，期待的是这种行为需要改变**，因此使用我信息也十分关键。换挡倾听对于解决那些阻碍合作的问题至关重要。积极倾听帮助人们在尽管有分歧的情况下，仍然能站在同一阵线。

在换挡倾听的过程中，认识到对方需要保持颜面也很重要——没有谁希望自己的行为影响到别人。因为如果对方感到自己的行为受到了干预，就很容易让接下来的交流变得尴尬或棘手。这就是为什么积极倾听必须讲究技巧，并且只基于对方通过言语和其他沟通形式所表达的内容来予以反馈，即要避免对对方的想法、感受或需求进行解读。

> 部门经理："我很失望，本来你在上周就应该完成的报告，至今还没有完成。我已经没有多少时间在报告中加入我的意见了。"
>
> 职员："我之所以还没有完成，是因为没有人告诉我应该写些什么以及如何写。"
>
> 部门经理："看来你是不确定报告中应该写些什么，以及

> 应采用什么样的格式，对吗？"
>
> 职员："是的，而且最近事情太多了，我没有时间真正着手去做。"
>
> 部门经理："哦，你一直在忙其他事情。不过我需要你的那部分报告内容，这样我才能开始做我那部分的。"
>
> 职员："嗯，我现在就开始做。你希望它包含哪些内容呢？"

思考

阅读上面的例子。评估一下，你能如何有效使用换挡倾听，并积极接受对方可能的抵抗或其他反应，而不是自己陷入争论模式。

思考一下，针对哪些人及其行为引起你的困扰，你可能会发送一条面质性我信息？如果你不敢直接向对方表达，就把这条信息写下来。然后，你可以继续写下这条信息可能会在对方心中引发的情绪。同时，记录你的换挡倾听方式，也就是你将如何反馈表达对方所表现出的情绪。最后，评估你的信息，并倾听自己的情绪：你能否以这样的方式与这个人沟通？鼓起勇气提出这个问题。

团队合作

团队合作所需的能力是社交技能的一部分，要有效进行团队合作，理解团队的各个阶段及其中的角色也是至关重要的。关于团队原理的研究已经有近一个世纪的历史了。有关团队如何发展的模型层出不穷，早在20世纪70年代，就已经发现了超过100种描述团队发展的理论和模型（Hill & Gruner，1973）。有些模型是线性的，还有些模型则描述了周期性的发展过程，但团队分阶段发展的观点仍然占主导地位。在接下来的"团队工作阶段"部分，我们将介绍塔克曼（Tuckman）在50多年前提出的一个最常见的模型（1965）。我们之所以选择这个模型，是因为它能帮助我们更容易理解个人在参与团队时所经历的过程。这个模型展示了团队生命周期中的不同阶段，团队成员通常会产生类似的体验。

一个临时组建的团队往往无法立即展开富有成效的交流，因为要想做到这一点，团队成员需要认为所讨论的事情至少在某种程度上是重要的，并且准备好合作。这涉及团队的形成过程，需要通过一些系统性的工作来发展团队。我们往往立即开始团队工作，却忽略了事先加强团队的内部工作能力。

团队工作阶段

在第一阶段,团队成员需要对团队的存在目的达成共识。团队的共同活动必须产生协同效应。团队内部应该有积极的文化和支持的氛围,团队还需要有自己的身份认同。此外,团队内部的沟通应当是开放的和坦诚的。一个好的团队应该有社会互助的文化,这样需要帮助的人才能在其中得到支持。

在团队正式开始工作之前,需要就诸如目标、规则、流程和评估等事项进行协商,达成共识。我信息是向团队其他成员表达自己期望、感受和观察的好方法。同时,倾听他人并帮助他人表达需求也很重要,以便在工作进展过程中尽可能多地考虑这些需求。我们将在后文介绍,**能够负责任地决策是团队工作的基石,但它往往也是其障碍!**

在团队开始工作时,还互不相识的团队成员往往会对首次见面感到紧张。大家的期望很高,因为工作目标将人们聚集在一起。人们在激动的期待之余还会感到不确定,甚至没有安全感。因为一切都是新的,所以团队成员会不遗余力地了解其他成员。熟悉感能增加安全感,这对于共同工作至关重要。团队负责人被视为具有号召力的,团队成员往往会寻求负责人陪伴和支持,因为他代表着团队的目标和宗旨。对其他成员的印象则往往是基于非常片面的信息而形成的,这些印象会被个人的主观印象所补充。如果一个新认识的团队成员在某方面让你想起某个熟人（比如婆婆），那么你往往会用对待这个熟人的态度来对待这个新成员。

在第一次见面时，人们通常会根据观察到的行为，比如开心的笑声，给这个人贴上"快乐"或"积极"的标签。这也是新团队的典型现象：彼此认识的人（比如，一起乘坐同一班公交车回家的人）往往喜欢在团队内部形成自己的小团体。这些小团体有时会阻碍团队的前进，因为小团体之间可能会出现竞争，这并不总是有利于实现共同目标。此外，共同工作往往需要相互支持和帮助，而小团体可能会贬低其他成员，这会滋生出欺凌和排挤现象。欺凌不一定是有预谋或有意的，如果一个人总是感到自己被排除在外（比如，不明白其他成员在谈论什么或打趣什么），这种被排除在外的感觉就会加剧。这会在团队内部造成紧张局势，从而有损工作效率和心理健康。

因此，团队成员情感上的安全感极为重要。如果团队内部存在任何不安全感，工作就很难顺利进行。当团队内部感觉到足够安全时，成员们就敢于全身心地投入团队活动，展现新的自我，这对工作的成功开展至关重要。

在20世纪70年代，小组学习在学校中还是一种相对较新颖的形式。有时教师会通过抽签来决定小组成员和学习主题，之后学生们会从报纸上找到与主题相关的文字和图片，然后将其粘贴在一块硬纸板上。除了课本外，他们还会从百科全书中找一些资料，并模仿书中的插图画画，用来装饰纸板的标题和空白处。起初，这种小组活动通常会让人感觉很有趣，因为它不同于普通的课堂教学。在学校里，每当上课时，教师总会走进储藏室，一些小组成员便开始各行其是，这反过来又影响了那些想认真学习的学生。学生们有时还会觉得，如果没有那些对任务参与度低甚至干扰其他人学习的成员在，小组作业会完成得更快。在小组任务完成后，学生们会展示他们的成果，教师会为此打分。

在这个例子中，教师本可以为每个小组成员分配一个工作角色，并对工作过程而不仅仅是工作成果进行评价。可以通过在每次小组合作开始时随机决定小组成员的角色（比如，记录员、计时员、组织员、监督员和报告员等），并将其作为小组合作的一部分进行评估，以增加小组成员的责任感。这样一来，小组作业将更多地成为团队合作的成果，而不是只有其中两个成员勤奋努力而其他人未参与其中的结果。即使在小组中有一些成员不愿让每个人都参与工作的情况下，小组内的任务分配仍然非常重要。在监督过程中，教师或指导者有时会发现小组内部存在权力不平等，一个所谓的"领袖"能决定谁可以做什么。由于这种非正式的权力结构往往源于职责分工不明确或组织架构不清晰，因此应通过明确角色分工来规范团队协作流程，从而减少幕后操作的空间。

团队合作开始后，一个核心问题是制定规则或行动方案。在团队启动之初，团队指导者通常会列出一系列规范和规则，并期望团队成员无异议地接受。然而，重要的是团队成员能够就工作顺利开展所需遵循的事项达成一致。当团队成员共同讨论这些问题时，他们也会为彼此解释，更为深入地理解规则的意义，从而更容易自发遵守这些规则。现成的规则往往不适用于所有团队，因为每个团队及其成员的需求和目标各不相同。显然，人们更愿意遵守自己制定的规则，而不是由上级传达的规则（Rovio，Arvinen-Barrow，Weigand，Eskola，& Lintunen，2010）。研究确实表明，关于规则的讨论过程，要比最终讨论形成的规则结果本身更有价值，换句话说，**通过讨论产生的团队规则更有价值**（Kohn，2006）。

即使团队成功制定了一套规则，也并非所有规则都能始终得到遵守，这是人之常情。因此，有必要回顾和提醒团队成员那些已经达成的共识，并讨论是否需要修改规则。随着工作的推进，有些规则可能会失去意义，而新的问题可能又会出现，团队成员需要就其达成新的共识。即使规则得以遵守，也同样值得进行讨论，因为这可以提升团队内部的凝聚力，尤其是当这些讨论能给团队成员带来积极反馈时。比如："我真的很高兴大家都遵守了准时到达的规则，这样我们就不用浪费时间等待，并且能确保准时结束了。"

自主制定的规则和方针涉及的是团队成员有权自主施加影响的区域，即所谓的"自由区域"（Gordon，2006）。自由区域并非没有规则和规范，而是受团队必须遵守的各种准则的约束。这些准则包括法律法规，以及工作场所或学习机构的制度和章程。团队制定的规则不能与这些自由区域外的准则相矛盾。然而，即使必须接受现有规则，讨论和解释这些规则也是非常重要的。

随着工作的推进，团队成员之间的熟悉感和安全感不断增强。在最佳状态下，每个人都能通过多种方式更全面地了解团队中的每个成员，这样他们就能放松地投入工作中了，同时也能提高工作主动性，加深对规则功效性的认识。在这个阶段，提出并解决那些影响工作的问题是必要的，比如，团队成员所感受到的不平等，或对规则的漠视等问题。在这个阶段，团队成员更敢于提出问题，比如，某个成员经常迟到，或某个成员之前允诺可以完成任务但最终未完成。处理冲突阶段对团队成员来说可能很不容易，因为他们必须直面棘手问题，并给予成员改进反馈。然而，直面冲突并试图解决它们是至关重要的，这样每个人才能集中精力应对工作内容本身所带来的挑战。

冲突解决后，团队进入正式工作期。在最佳状态下，团队成员会体验到所谓的"心流"。一般来说，任务虽然具有挑战性，但被认为非常有意义。在任务完成后，团队成员会感到很有成就感。在学生团队中，所探究的内容被认为既有趣又与个人经验相关。心流体验对团队成员来说非常有益，但由于这种体验往往伴随着紧张甚至令人疲惫的工作阶段，因此工作不应总是处于心流状态，这样反而是一件好事。

    一个基于渐进性探究模式的食物项目在初中学生中实施。这个项目的主要任务是，学生以小组形式选择一种他们感兴趣并特别喜欢的食物，然后研究这种食物的食谱或收集关于其成分的信息，再对其中的一种成分进行更深入的研究。学生们将在父母的帮助下，在家里制作这道菜。最后，他们会计算其营养价值和经济成本。项目报告最终需要以作品集的形式呈现，并向其他小组展示。

    这个任务非常具有挑战性，因为该项目在很大程度上依靠学生自己的主观能动性，教师从一开始就更像是一个助手，而不是信息的提供者。为了确保小组能够立即开始高效工作，教师在前期阶段，与学生们在小组内部进行了长期的团队建设，培养了团队安全感。在处理冲突的阶段，一些小组成员被告知需要更加集中精力，因为他们的努力程度或工作质量还不足。在这些问题得到解决后，学生们对项目的兴趣变得非常浓厚，以至于他们甚至不愿休息。在放学后，有些学生表示希望留下来继续工作。小组成员在彼此家中展开会议，父母们表示，他们从未见过一群伙伴们如此热情地投入学校作业。一位学生的母亲描述说，她10岁的孩子饶有兴趣地阅读了一本医学杂志上关于维生素B效用的文章！

在项目结束时，学生们对自己的活动进行了评价反馈，他们表示这个项目非常有趣，他们研究得越多，越觉得有趣。学生们表示，有时他们把所有的时间都用在了项目上，但仍觉得时间不够。这样的反馈让教师感到非常满意——教师成功地开展了教学工作，并让学生们感到学习本身是令人兴奋的、扣人心弦的、引人入胜的。在这个过程中，教师的任务仅仅是在学生的学习道路上为他们提供帮助，无论这条道路将他们引向何方。

从社交与情感技能的角度来看，重要的是要记住，只有在足够安全的团队氛围中，团队成员的心流体验（Csíkszentmihályi，2014）才有可能实现。构建这种团队安全感需要大量细致的前期团队建设工作，让成员们有机会通过多种方式彼此了解。安全感为每位成员提供了不怕他人评判、尽自己最大努力的团队环境。

在解决复杂问题时，创造力是必不可少的。最好的想法往往在我们勇敢审视那些被视为理所当然的事情时产生！不过，这需要我们有勇气来审视既定的做法，并找到新的创意解决方案。在足够安全和熟悉的氛围中，人们也敢于给予彼此反馈，因为他们知道如何向每个小组成员提供反馈，也了解他们会对反馈有什么反应。在出现情况后立即给予反馈对各方都有好处，因为此时大家对问题还记忆犹新。此外，团队的氛围也不会被那些没有说出口的问题破坏。给予改进反馈尤为重要，在事情发生后立即给予积极反馈也同样重要，因为这能告诉团队或团队成员他们学到了什么、哪些方面做得很好，以及哪些行为对他人有帮助或让他人感到愉悦。这样一来，团队成员就可以在以后的工作中借鉴这些经验。

团队中的角色

除了了解团队发展的各个阶段外，理解团队中出现的各种角色也同样重要。社会心理学对这一主题进行了大量研究，我们在本书中将简要介绍其中几个可以提升社交与情感技能的方面。通常来说，团队中的角色并不是事先分配给成员们的；相反，成员们往往会不自觉地进入各自的角色。可以这样理解：**团队为成员们提供了角色，成员们会根据自身的倾向和团队的需要来选择并接受这些角色。**

一般来说，团队中会有一个领导者。这个角色可能事先分配好了，如果没有，就会有人通过某种方式（比如，引导发言、分配任务、总结讨论内容）承担起领导者的角色，并从总体上确保讨论朝着既定目标前进。领导者的任务非常艰巨，有时团队会同意由成员轮流担任这个角色。一个好的领导者具有良好的倾听他人和传递信息的技能。团队领导的管理技能和榜样效应对创建开放的团队氛围有很大影响。

在冲突情况下，团队成员往往会依赖领导者的评判，如果领导者能够始终如一地履行职责，那么他首先会力求客观。不过，团队成员有时也会期望领导者具备决策能力，这种能力可以通过使用双赢法来培养。在决策过程中，不可能事事都能让所有人满意，如果领导者热衷互动并试图讨好所有人，决策就会变得困难（Mullola，Hintsanen，& Keltikangas-Järvinen，2015）。然而，领导者并非单打独斗，他们也需要其他团队成员的支持。所谓的"员工技能"是指，下属需要具备与领导者类似的社交与情感技能，以便在开放的团队氛围中支持领导者的工作。

除了领导者的角色外，我们还可以识别出团队的其他角色。比如，我们可能会提到领导的支持者、反对者、执行者、追随者和观察者。这些角色名称背后蕴含的理念是，每个团队都会有各种不同的角色。思考这些角色很有意思，因为这让我们能够识别出自己通常会扮演哪种角色类型。比如，如果我们发现自己对新事物常常持有批判和怀疑的态度，那么在团队活动的初期，明智的做法是确保这种态度不会妨碍团队的进展。批判性思维当然是有其用武之地的，但不应出现在我们刚刚为新事物制订计划和提出建议的时候。

一位教育协调员非常热衷于开发新课程。他经常得到许可可以自由开展新项目，有时项目多到他需要额外的帮助才能完成所有任务。当他反思自己在工作中的行为方式时，他意识到自己喜欢设计和实施新项目，但当这些任务变成例行事务时，他就失去了兴趣。此外，他认为自己无法真正处理所有细节。有一次，他从美国引进了一个完整的培训项目，他急切地策划着这次培训的市场推广、经费预算，以及该项目在芬兰的未来发展。但当需要把材料翻译成芬兰语并采购培训所需的特殊设备时，他失去了热情。最终，他的一位同事同意来接手这些事务，且这位同事不得不为此重新安排自己的工作，以确保所有任务都能按时完成。在完成教育协调员的任务后，这位同事给他提供了改进反馈。

从那时起，这位教育协调员意识到自己的热情消退会导致其他人必须完成他未竟的任务。如果他继续只对项目初期感兴趣而在中途放弃，那么至少应该与下一个接手工作的人达成一致。

这位教育协调员的同事对他们一起讨论未来的工作安排感到很高兴。他们并不介意完成教育协调员启动的项目，只要事先知情即可。两人都很高兴能够找到完成项目所需的耐心和严谨。

在我们了解团队中的不同角色时，可以从这些角色的视角来审视工作。有时，工作可能会变得棘手：因为团队成员可能会无意识地扮演了未能促进工作进展的角色，还可能是没有人承担完成工作所需的关键角色。如果团队缺乏一个关键的声音，那么最终的结果可能不会令人满意。

这些团队角色不是固定不变的，而是可以轮换的。在学校环境中，让学生在不同的团队做角色练习是非常有益的，这能提升他们在不同团队中灵活工作的能力。非常安静和内向的学生往往会选择一个不需要抛头露面展示和领导他人的角色，但向大家展示自己和领导他人的技能则往往是很有必要的。需要记住的是，每次更换团队成员时，团队工作阶段都会从头开始。可以将这种现象比作一碗弹珠：当从碗里取出一颗弹珠或添加更多弹珠时，碗里的其他所有弹珠都会重新排列。比如，如果离开团队的成员的任务是负责确保任务完成的，那么其他人必须接手这个角色。新成员也可以为团队带来一些全新的东西，因此让他们了解其他人并被其他人了解是很重要的。团队成员、当前任务和团队目标共同决定了每个角色的重要性。

团队指导者或上级角色

在工作团队或学习小组刚开始时，团队指导者或上级肩负着重要的任务。即使他们自己不直接参与团队，也拥有很大的影响力，尤其是在团队成立初期。如果他们愿意，就可以安排足够的时间让团队成员充分了解彼此。为了确保团队内部的有效沟通，指导者还可以教授团队成员社交技能并以身作则，作为良好榜样示范这些技能的使用。一位有经验的团队指导者或上级的目标是让团队迅速找到主动性，而无须持续不断地监督他们是否在努力工作。有时，我们会遇到一些领导者，他们想要控制团队的一切事务。这会使得领导工作非常艰难，因为这样一来，团队成员只在被监督时才会对自己的行为负责。在学校里，这意味着学生学习是因为害怕老师生气或是为了获得好成绩——而不是因为他们认为学习本身有意义和重要。

一个好的团队指导者不仅要专注于完成工作任务，还需要在团队形成过程中提供助力。团队成员首次见面时，指导者应积极安排各种练习和活动，让成员彼此熟悉。在团队初次相聚时，往往只会快速进行一轮自我介绍，即每个人说出自己的名字，以及工作、学习或居住地点。这样的介绍可能很有必要，但仅靠这样一轮是不够的。尤其是在团队成员众多的情况下，很少有人能立即记住所有人的名字。在一开始，分享一些额外信息会很有用，诸如在电梯里会聊到的内容。了解其他成员的一些小信息（比如，他们的爱好）也有助于人们展开交流。在团队活动中，共同讨论每个人都需要回答的五个问题这种办法被证明是非常有效的。可以通过将参与者分成两人一组来使练习形式有所变化，即一人回答问题，另一人提问并记录答案，最后，每个人都会向整个团队介绍他们的搭档。这样一来，没有人需要进行自我介绍——尤其是在团队形成的早期阶段，有些人很不擅长进行自我介绍，有些人则能立刻发言并滔滔不绝地占用大量时间。在这个练习中则不会发生这种情况，因为话题是被严格限定的——该练习也可以作为一个倾听任务，因为需要向团队成员复述另一人所说的内容。

有很多种练习可以帮助团队成员相互了解，这些练习指南可以从一些书籍或网络中找到。要确保团队充分进行这样的练习，而且这些练习不应要求太高。比如，练习不应包括让某个成员单独站在整个团队面前展示自己的知识或能力，或其他可能让人感到尴尬的事情。尤其是成年人，通常不喜欢与陌生人有身体接触。合适的练习能让人容易参与其中，并且不会威胁到任何人的安全感。还要记住，活动小组的成员应随机分配，以确保每个人都有机会认识彼此和进行交流。如果指导者不主动设置新的分组方式，团队成员就可能总是会与最熟悉的人坐在一起，不愿结识新的人。在团队形成初期进行小组合作是有意义的，因为在大团队中，很多成员可能会回避讨论，而那些性格急躁的成员则会开始主导讨论。

当团队过程进入处理冲突阶段时，指导者应该有意识地留在幕后，鼓励团队成员自行解决问题。尽管指导者可能很容易就能提出解决方案，但重要的是让团队成员自己制定解决方案。当然，如果团队在解决问题时需要帮助，指导教师也应随时提供帮助。团队有时还需要一个调解人，其任务是帮助解决两个成员或两个小组之间的冲突。调解人的基本职责是，使用积极倾听技巧轮流倾听各方意见，并协助团队成员交流。调解人要注意保持中立，通过各种方式（比如，座位安排）来表明他不偏袒任何一方。在寻找解决方案时，使用双赢法是很有帮助的。一旦找到解决方案，就要确保双方都致力于执行解决方案并对协商结果感到满意。

团队合作技能是多样的，团队形成过程是复杂的。值得注意的是，**并非所有团队都需要经历团队形成过程**。如果目标不是共同学习、发展或工作，可能就没有必要组建团队。比如，在驾校上理论课时，没有必要确保坐在一起的人彼此熟悉，因为他们即使此时在同一间教室学习，也不会在任何时候进行合作学习。考取驾照的学习过程属于个体学习，目的是让每个学员都获得驾驶资格。

思考

- 什么有助于你与他人建立联系？
- 结识新朋友时，什么让你感到紧张或担忧？
- 你如何培养和维持友谊？
- 你在团队沟通中承担着什么角色？你是更喜欢观察局势，还是承担责任并领导团队？或者你在团队中有其他角色和工作方式吗？
- 检查你所在的团队的运作情况。决策过程是如何运作的？人们在决策中表现出的能动性和影响力是如何体现的？

核心技能 5：负责任地决策

学习目标：公平地决策。

反映负责任地决策技能的典型问题包括：

- 为什么有时我会觉得做决策很困难？
- 是否有时我必须接受并执行那些我不确定是否合理的决策？
- 为什么有时确认正在决策的事项会很困难？
- 是否存在一种问题解决方式，能让每个人都对决策结果感到满意？

负责任地决策这项技能是社会情感学习的一个重要组成部分，它指的是做出可持续和有建设性的选择。我们每天都面临着各种需要做决策的情境，还需要不断适应他人的决策。

有时做出决策是很困难的，比如当老板需要对下属做出一些可能给他们带来困扰的决策时。不过，老板必须承担起做决策的责任，即使这些决策可能会让人感到痛苦。问题往往在于，老板迟迟没有做出决策，导致整个工作进程停滞不前。不确定的状态会让整个工作群体感到不安。老板的犹豫不决有时会引发毫无根据的谣言，甚至导致员工之间的冲突。这无疑会影响工作效率和质量，最终也会影响员工的幸福感。

不过，有时推迟决策是可以理解的。一个优秀的老板在做出决策之前会收集所有必要的背景信息，权衡不同的选项。有时决策需要时间来酝酿，才能看出哪个选项最为合适。但有时问题在于，老板缺乏负责任地决策这项技能。虽然每个人都会遇到难以决策的情况，但对于管理层来说，决策技能尤为重要，因为这会影响到他人。

除了收集背景信息外，决策者还需要考虑每个选项的利弊及其可能产生的后果。在决策过程中，尤其是在面对重大且情绪激烈的问题时，有条不紊地进行决策是非常重要的。通过绘制思维导图或图表，罗列不同选项及其可能引发的后果，能帮助他减轻思考的压力、厘清思路，从而更清晰地确认哪个选项的结果最好，以及为什么这个选项的结果最好。

决策通常也是在团体中做出的，比如，通过投票来确定最佳方案。投票是民主制中一种常用的手段，旨在保证所有人都能受到公平对待。投票结束后，得到最多支持票数的选项胜出。不过，投票也是有缺陷的，因为总有少数人必须得服从多数人的决策，忍受令他们不满意的结果。

> 有一个工作团队需要就若干问题做出决策。经理提出了这些问题，并召集大家讨论以征求意见与建议。尽管绝大部分议题关乎所有员工，但只有一名员工发表了意见。在决策确定、会议结束后，经理注意到员工们似乎还有话要说，于是他询问了几名员工为何在会上该发言的时候保持沉默。
>
> 经理发现，不是每个人都能轻易站出来表达自己的观点的，团队中的许多人倾向于在会议中保持沉默。有人表示，尽管事先已经查看了相关背景资料，但对具体需要决策的内容仍是一头雾水。
>
> 经理意识到，如果今后再遇到类似情形，那么应该留出一些时间让小组进行简短讨论，这样大家才能在小组内与其他成员交换意见。在小组讨论中，即使是较为内向的人也相对更容易表达自我。而且对每个人来说，在众人面前发表一个小组共同的决策，比讲述个人可能尚未成型的观点要容易得多。

在决定具体事项时，通常会设定一个截止日期，一旦过了这个期限，所有人都会继续推进工作。对于具体问题，总能找到或好或坏的解决办法，因此处理起来相对容易。一旦做出决策，这个议题就会从日程中移除，大家又会进入新的不同的决策事项中。

价值观沟通

当决策涉及价值观时，识别冲突会变得更加困难，决策中的平等性也会变得更加复杂。比如，有时做出的决策让人感觉很糟糕，却很难找到具体的原因来解释为何会如此，这可能是因为这个决策违背了个人的价值观。在我们的社会中，诸如此类的决策不断出现，因此，政治家的职责是推测进而推动其选民在价值观层面所认可的决策。

自苏格拉底时代以来，古典哲学家们一直在思考人类生活的价值观和道德观。价值观代表了一个人所期望和尊崇的，也体现了关于什么是对的、好的，什么是错的、坏的信念。价值观多种多样，可以分为以下 11 个类别：

- **伦理价值**：善良、道德正确；
- **生态价值**：自然之美与健康、动物权益；
- **自我价值**：尊严感、自我意识、自身权益；
- **美学价值**：美感、崇高、优雅、艺术；
- **享乐价值**：幸福、快乐、喜悦、满足、感官享受；
- **权力价值**：力量、权力、战争、财富、金钱、胜利；
- **正义价值**：正义、人权、平等、合法性；

- **社会价值**：利他主义、友谊、爱、诚信、自由、博爱、尊严、爱国主义、安全；
- **知识价值**：真理、知识、学习、教育、智慧、科学；
- **宗教价值**：信仰、希望、神圣、宽恕；
- **生命价值**：生命、健康、意志、活力。

我们知道，即使属于同一类别的价值观在人与人之间也可能大相径庭，有时甚至截然相反。在这样一个多元化的社会中，我们的基本立场是要尊重他人不同的价值观。可是，我们能真正接纳这些价值观差异吗？还是说在内心深处，冲突依然存在，只是我们试图掩盖并与之共存？是否只有当人们想法一致时，价值观冲突才会消失？在日常生活中，我们很容易与持相反观点的人发生冲突，这就是为什么我们的朋友圈通常是由那些与我们价值观相似的人组成。在这样的朋友圈里，我们发现自己不必像对待持有不同观点的人那样去解释或辩解自己的选择。

他人及其不同的价值观会对我们的价值观产生影响。有时候我们会发现，虽然某些价值观不是我们所认同的，却在某些情况下正常运转。比如，我们可能会觉得祖父母与核心家庭同住在一起有些奇怪，感觉在某种程度上彼此的空间被侵犯了。但在许多文化中，祖父母与核心家庭同住是很自然的，而且在很多方面都切实可行。

因此，我们可能需要重新审视我们的某些价值观。人们的确从自己的生活圈子中（包括家庭、工作单位和朋友圈）吸收了大量的观念。在家庭中，孩子也会经常影响甚至改变父母的观点。要知道，**价值观并非一成不变的，而是会随着社会环境的变化而改变。**

> 芬兰以其历史悠久的越野滑雪传统而闻名于世。纵观历史，越野滑雪可以说是穿越森林的最实用方式，尤其是对冬季的猎人和渔民而言。即便是在今天，芬兰的孩子们依然还在学校中学习滑雪，尽管如今它更多被视为一项健康娱乐活动，而非主要的交通方式。对于关注冬季奥运会的人来说，越野滑雪几乎已成为芬兰民族自豪感的象征。
>
> 滑雪时，人们需要使用滑雪杖来保持平衡并增加速度。大约20年前，一些人开始在不滑雪时手持滑雪杖走路。起初，这些人被认为有些古怪，常常遭到嘲笑，尤其是年轻一代，他们认为使用滑雪杖行走是老年人才会做的事。然而，自从著名芬兰冰球运动员在接受媒体采访时推荐了这种被称为"北欧健走"的活动，并称它是锻炼肩膀和手臂的绝佳方式后，公众的看法发生了巨大转变。随着这些运动员的推荐，越来越多的年轻人和运动爱好者开始接受北欧健走。如今，这项活动在芬兰已随处可见，尤其在没有雪的季节。

价值观冲突

当有人明确试图要改变我们的价值观时，我们可能会被卷入一场关于价值观的争论之中。不过，对方首先需要搞清楚的是，是真的有必要改变我们的价值观，还是只需要调整因价值观冲突而引发的具体行为但价值观本身仍可以保持不变？比如，在工作场所中，如果出现有关工作着装规范的争议，那么一个可能的解决方案是，在拜访客户或有访客来访时，员工需要穿正装；而在仅与同事相处时，员工可以穿便装。

然而，改变价值观的意愿有时会更为强烈。比如，医生可能会建议患者改变生活方式，因为他们关心患者的健康。患者通常会先来谈及自己的生活状态及其背后的价值观，然后医生会基于这些信息给出保持健康的建议，再由患者自己决定是否以及如何采纳医生的建议。因为能够被人接受的建议，往往来自那些尊重和欣赏他人的人，而不是试图靠命令和专制来控制他人的人。

虽然孩子们通常能接受老师在课堂上的严格管理，但这主要是为了维持课堂秩序，而不是针对学生本身。孩子们会认为最好的老师不仅能维持课堂纪律，还很平易近人、充满温情（Brekelmans, Mainhard, Brok, & Wubbels, 2011）。人们更愿意听取那些与自己建立了亲近和温暖关系的人的建议。

我们不必被迫改变自己的价值观，除非某个价值观确实妨碍了我们的生活。在这种情况下，我们需要考虑的是，挑战我们价值观的人是真的关心我们，还是只是想操纵我们、让我们站在他们一边甚至置于他们的控制之下？媒体曾报道过一些宗教教派的成员极力试图改变他人的信仰，但这并不总是出于对他人的关心，而是为了在自己的圈子中赢得地位。

尽管如此，在一些罕见情况下，使用强制和威胁的手段可能是很有必要的。这主要是因为情况特殊，没有其他选择的余地，比如，在某些混乱的情况下需要迅速采取行动以免发生事故。在这些情况下，拯救生命首当其冲，而不是培养人际关系。

根本的问题是，我们可以和持有与我们截然不同价值观的人和平共处。虽然我们倾向于选择和我们持有相似价值观的人为伴，但价值观的差异并不总会导致关系问题，我们可以约定在交流时不涉及价值观。比如，国际狮子会的规则明确指出，禁止在会议和活动中发表政治或宗教观点。规则制定者认为，人们完全可以在不涉及个人政治或宗教价值观的情况下参与慈善活动。有一次，该组织的一名新会员谈到，与组织的其他成员交流是一种有趣的体验，尽管其中许多人有着与他朋友圈的人完全不同的价值观和习俗。

共赢的决策目标

有时，决策过程中未出现冲突，问题便能迅速得到解决。然而，当涉及价值观时，情况会变得复杂，因为很难达成令每个人都满意的解决方案。因此，负责任地决策会变成一个很复杂的过程，因为决策者和受决策影响的人会从截然不同的视角看待问题。决策者各自不同的价值观、信念和思想，甚至可能会影响到一些较小事务的决策。因此，**我们的出发点在于，让参与决策过程的每个人都能意识到自己的立场、价值观和信念，这有助于开展坦诚的沟通**。自我觉察有助于推动共同协商，因为当我们清楚决策所涉及的价值观时，便能向他人解释我们的观点，从而增进相互理解。

> 讨论家庭度假有时可能会演变成尴尬，尽管这个话题对所有人来说本应是很开心的。比如，当父母建议全家到拉普兰德徒步旅行时，可能会遭到家中青少年的反对，因为他们更希望去国外购物或去海滩。考虑到家庭预算和假期时间的限制，家庭成员可能不得不做出一个选择。父母或许会利用他们的权威，比如："这次旅行是我付钱，所以你们的其他想法再放一放，今年我们去拉普兰德。"父母还可能会让孩子们来决策，比如："我不介意，等孩子们长大离家后，我再去拉普兰德也不迟。"
>
> 无论选择以上哪种度假方式，从每个家庭成员的角度来看，

这个暑假都可能不尽如人意。孩子们可能会觉得去拉普兰德太无聊，因为他们不认为这是个有趣的度假方式。即使孩子们最终发现拉普兰德其实很美，也可能会因为觉得这是一个被强加给他们的选择而无法真正享受其中的乐趣。父母则可能会为这次强加给孩子的选择而感到内疚，并试图在旅行中尽量补偿他们，而孩子们可能会有意表现得像是"受害者"。这一切都会让家庭假期的氛围与惬意的度假体验相去甚远。虽然假期可能会变得让人难以忘怀，但并不是以大家所希望的方式。于是，假期就这样被毁了。

另一个选择可能是父母向孩子妥协，全家选择去受青少年青睐的海滩度假。度假期间，孩子们可能很少有时间和父母待在一起。父母努力尝试享受这样的海滩假期，但可能在第一天下午就感到厌烦。此外，去国外购物也并未比在国内更有吸引力。因此，父母可能会觉得这个假期索然无趣。

要想真正负责任地决策就应当考虑各方的需求，并据此来找到解决方案。如果决策过程中完全忽视了其中一方的意见和想法，那么这个决策就不能被称为"负责任"。只考虑一方需求所做出的决策会让另一方感觉不公平。比如，在工作场所，只考虑单方面所做出的决策可能招致员工的消极反应或默默抵抗。

因此，在很多工作单位中，人们已经开始关注如何让员工更多地参与决策。事实上，这种理念在一些学校中已经得到了实践。在教育组织中，高效运转的学生自治组织已经成为决策过程中不可或缺的一部分。在理想情况下，负责任地决策能够提升人们的主动性、参与度和责任感，从而提高他们的工作动力，并促使他们更加致力于推进那些大家共同关心的议题（Leroy，Bressoux，Sarrazin，& Trouilloud，2007）。

思考

- 你认为自己作为决策者的特点是什么？在决策过程中，什么对你而言相对容易，你的优势是什么？你认为在哪些方面需要进一步提升？
- 你将如何在团队中更有效地促进决策过程？
- 你的价值观是什么？对你而言，生活中哪些事情是至关重要且不容妥协的？
- 当你的价值观与他人发生冲突时，你通常如何处理？在这种情况下，你如何处理自己的情绪？

负责任地决策技能提升工具 1　双赢法

建设性地处理冲突并做出公平选择，对应的是社会情感学习中的人际关系和负责任地决策技能。冲突可能会让人感到害怕，因为当人际关系中出现分歧时，会涌现出担忧等各种情绪，这也是我们有时想要回避冲突的原因。然而，冲突在生活中是不可避免的。关键不在于是否存在冲突，而在于如何解决冲突。

当一个人的行为妨碍了另一个人的需求时，就产生了所谓的"需求冲突"。此时，最重要的是界定双方的需求。需求冲突对双方都有直接而具体的影响，比如，不同的假期计划、时间分配、家庭用车安排、家务分配，以及工作中空间和设备使用上的分歧。在这些分歧中，有时一方的需求得到了满足，另一方则感到失望，且失望的一方可能觉得受到了对方的压制。这种情况会演变成一场竞赛——一方成为赢家，另一方只能承受失落。戈登提出了三种解决冲突的策略：我赢－你输、我输－你赢，以及双赢法。

在我赢－你输的策略中，人们运用自己的权力来满足个人需求，这往往是以牺牲他人利益为代价的。事情按照他们选择的方式进行，最终得偿所愿。比如，父母决定全家去探望祖母，尽管身为青少年的孩子已经与朋友约好去看电影。在去祖母家的路上，车内气氛紧张，孩子情绪低落。在我输－你赢的策略中，同样的情境可能会演变为孩子反驳父母，坚持去看电影。尽管父母努力沟通，但沟通不畅，最终只好无奈屈服。

这些反复出现的冲突处理模式存在一定的风险。除了让失败的一方感到沮丧之外，还会带来其他后果——双方的关系开始受到权力博弈的影响。赢了的父母与孩子之间的关系可能会因为命令和惩罚而变得更加疏远,让孩子充满恐惧;父母可能也会因他们的强硬手段而感到内疚;同时,他们还必须背上独自想出解决方案并"推销"给孩子的"包袱"。反之亦然,对于赢了的孩子来说,解决方案可能会因为缺乏界限而给他们带来不安全感;当孩子对父母"发号施令"时,父母也会失去尊严感。

有时,人们会寻求妥协以解决冲突。在这种情况下,双方都会稍做让步,以便能得到部分所需。然而,妥协往往会变成讨价还价,最终结果很少令人满意。

所有这些解决方案都存有改进余地,并有可能影响关系质量。那么,如何才能解决冲突,找到让双方都满意的解决方案呢?

在双赢法中,我们相信有可能找到一个令双方都满意的结果。在双赢法中,没有人强行推行自己的选择,或一味地坚持自己的意见,而是将自己和对方的愿望和需求都考虑在内。除了达成一个有效的解决方案,最终成果还包括双方都体验到了被真正看见的感觉,并增进了相互尊重。使用我信息和倾听技巧,能有助于双赢法的应用。

在最开始阶段,我们只是确认合作意愿,并为采用双赢法做好准备,即确保双方都愿意处理冲突,并寻求满足双方需求的结果。尽管这并不容易,但最好能忘掉自己已有的解决方案。只有这样，才能为有创意地解决问题创造新的空间。在这个阶段，我们需要向对方或那些不熟悉双赢法的人解释，双赢法的目标是找到一个令双方都满意的解决方案。

实施双赢法，共分为以下六个步骤。

- **界定需求**。双方均需要坦诚地告诉对方，在这种情况下自己真正的需求是什么。需求并不等同于解决方案。人们常常过于执着于自己想要的解决办法，以至于忽略了自己的真正需求。比如，看电影对有的人来说能满足放松需求，但对有的人来说，跑步或听音乐才能让自己获得放松。可以通过我信息来表达自己的需求。积极倾听有助于对方说出他们的需求，同时增加倾听者对情况的理解。
- **头脑风暴解决办法**。双方共同提出替代解决办法。使用头脑风暴法，在不评判想法的情况下，尽可能多地提出各种思路和想法，这样就可能会产生新颖独特、令人振奋、舒缓人心、切实有效的解决方案。
- **评估解决办法**。双方共同认真地评估已经提出的解决办法，淘汰不满意的选项，找出双方最满意的选项。这些替代办法也可以进一步优化和组合。在评估过程中，主要是评估解决办法在多大程度上满足了双方的需求。

- **选择解决办法**。双方共同决定选择哪个解决办法。
- **执行解决办法**。根据具体问题，双方有时需要确定由谁来做什么以及什么时候做。此外，双方共同确认所选办法是否有效也是很有必要的。然后，继续实施解决办法。
- **后续评估**。双方检查这个解决办法最终是否满足了双方的需求。如果发现解决办法无效，那么问题不在于双方或方案本身，而在于某些重要需求未被发现或未被表达出来。发现新的需求有助于优化微调原有解决办法，或再次找到新的解决办法。

许多国家的学生们都会在班里传阅戒指目录，目录中包括一块带孔的硬纸板，用于测量戒指的大小。一名六年级教师就注意到，这样的目录最近正在班级中传阅。起初，她让学生们自己处理这件事，但当选择戒指的事情开始干扰课堂秩序时，她决定介入。这名教师发现，班级戒指的选择已经引发了班级内部的争执。

教师请学生们讲述订购戒指的问题。学生们告诉她，一些女生在没有听取其他人意见的情况下就为全班同学选择了戒指款式。这引发了分歧，因为男生们不喜欢她们所选的设计，而且其他一些女生也不喜欢。选择款式的女生们辩解说，她们只是想加快订购戒指的速度,而且她们觉得自己比男生更了解珠宝。最终,做决策的女生们不得不承认,她们提出的解决方案并不奏效。

教师提供了协助。她表示,虽然选择戒指并不是她的事,但她希望这个问题得到解决,以便大家在上课时能认真听讲。教师先是问大家为什么想要班级戒指,它们为什么重要。学生们得出的结论是,戒指是某个学年的纪念品。有人说,这是一件关乎班里每个人都能得到一枚戒指的事情。另一个人补充说,这不仅仅关乎大家得到戒指,更是大家真的要把戒指戴在手指上,这才是"共同"的意义。还有人说,当你想送礼物给别人时,戒指是一个合适的选择。

然后,教师请学生们思考如何解决戒指订购问题,使所有这些想法都能体现在订购的戒指上。找到解决方案并不容易,因为有些学生已经确定了一个选项,很难放弃。其他人不太愿意就任何共同意见达成一致,因为他们对被迫达成一致的氛围感到不满。当意识到需要更多的时间来提出想法时,大家一致同意把想到的各种办法在一张贴在墙上的纸上写下来。

渐渐地,分歧缓和了,各种建议开始出现在墙上。大家一起查看并评估这些建议,以确定它们是否满足已界定的各种需求。没有哪个现成的选项被认为是合适的。然后,不同

> 的选项被结合在一起，最终找到了一个解决方案：每个人都可以选择自己喜欢的戒指款式，但所刻的字将是一样的。这样一来，一个创造性的解决办法达成了，戒指也被订购好了。学生们都很喜欢戴他们的戒指，并告诉别人他们没有选择相同戒指的原因。

思考

思考 1

下次当你遇到涉及不同期待和需求的情况时，可以练习使用双赢法。向他人介绍这种方法，并试着应用它。

请思考哪些因素有助于这种方法的实施，哪些因素会成为阻碍。

思考 2

当你发现与他人的价值观发生冲突时，请花时间思考这两个问题：你的价值观是什么？为什么它们对你很重要？

想一想，如何在日常对话中以一种尊重自己和他人的方式提出这个问题，并运用处理价值观冲突的技巧。

负责任地决策技能提升工具 2　价值观冲突解决技巧

价值观冲突与观点、信念、信仰、理念、态度和理想之间的差异和分歧有关。人们对世界的看法各不相同，因此价值观冲突和需求冲突一样是不可避免的。价值观冲突可能是痛苦的，尤其是在与亲密家庭成员或其他重要他人之间。但与此同时，它们也提供了一个成长的机会，也有可能帮助人们获得成长。价值观冲突的例子包括：物质使用、宗教信仰/无神论、政治理想或饮食选择的不同观念。

解决价值观冲突能够有效地支持负责任地决策。开放并审视不同的观点，可以增加双方对自己和对方的了解。如果每个人的观点都能得到尊重和考虑，就能达成公平且符合伦理道德的决策。因此，所有参与方都会觉得这个解决方案不是被迫接受的结果。

讨论价值观冲突对发言者来说是一个挑战，因为价值观、生活方式和世界观通常被视为个人问题。与需求冲突不同，这些观点往往不会对他人产生任何具体影响。然而，价值观的差异却在很大程度上反映在人际关系中，进而也影响着他人。**当存在价值观冲突时，重要的是要共同解决问题。** 强迫他人改变想法不仅是不可能的，而且在道德上也是不正确的。**唯一的选择是，试着影响对方，让他停下来重新审视自己的观点和态度。** 不过，明智的做法是，先要审视自己。接下来，我们将介绍戈登建议的处理价值观冲突的步骤与方法。

- **重新审视自己的价值观**。当我们发现自己的价值观与他人的存在差异时，首先要审视自己的价值观：我的价值观基于什么？它们是我自己的选择吗？我能否对这个问题有不同的看法？在审视我们的价值观时，积极倾听自己和他人能让我们受益匪浅。通过倾听，我们可以更好地理解自己的和他人的世界观，也可能会改变自己的思维方式。我们还可能会注意到，双方的观点并不像我们最初想象的那样不同。如果我们发现我们的价值观对自己来说非常重要，并且担心他人的观点可能带来的后果，就有理由进一步解决这个问题。
- **使用面质性我信息和换挡倾听**。使用面质性我信息时，我们会描述对方的行为（比如，他们对移民的态度），并描述我们与此相关的感受。我们还可以告诉对方我们担心他们这种行为可能会带来的后果。涉及价值观的问题对对方来说很少是无关紧要的，因此必须认真地积极倾听对方的想法和感受。
- **使用双赢法**。有时，我们可以找到一种涉及行为层面的解决办法，使价值观冲突不会妨碍人际关系。比如，我们可以就在公共场所不说脏话达成一致。

- **提供顾问**。如果我们希望对方重新审视他们的价值观并可能改变他们的价值观,那么我们可以成为他们的好顾问。不过,这只有在我们获得对方的许可的基础上,即对方愿意讨论并倾听我们关于这个问题的想法时才会成功。使用我信息有助于开始诸如这样的对话:"我很担心你的健康状况,想和你谈谈这个问题。可以吗?"在对话之前,最好找到关于这个问题的事实依据。比如,如果问题与健康有关,就要了解最新有依据的建议并讨论这些建议,而不是我们自己的观念。一名好顾问还会通过我信息讲述自己的经验——就当前问题分享个人感受往往不仅能引起人们的兴趣,还能传达出敞开和信任,有助于讨论那些所谓的"尴尬问题"。做顾问时,只说一次我们想说的话,这一点很重要,也不容易做到。因为我们说得越多,影响力就越小。如果未经许可就反复建议,对话就会变成唠叨。在价值观对话中,积极倾听对方是至关重要的。通过倾听,我们传达了希望理解对方及其想法的意愿。我们的目标是,**提建议所占时间不超过 20%,而倾听时间要占 80%**——这并不容易!最后,改变的责任必须留给对方。重要的是及时暂停,不要求对方答应或单方面决定。不要像成年人与孩子或学生的对话那样常常总结道:"所以我们同意,从现在开始,你永远不要……"在提供顾问的情况下,我们必须尊重对方决定自己事务的权利。

- **成为榜样**。我们可以通过遵循自己的价值观行事来影响他人的价值观。这是向他人传达我们价值观的最可靠方式。如果我们作为教育者希望孩子有礼貌,那么我们必须自己先做到彬彬有礼。如果我们希望青少年学会参与社会事务,那么我们要确保自己先参与。

    一所学校正在策划一个关于良好礼仪和礼貌行为的主题周活动。根据计划,在那一周内,学校将重点关注如何顾及他人,并在日常生活中践行礼貌行为。教师们正在商讨通过什么样的活动来帮助学生养成礼貌习惯。不久,讨论转向了教师自己也应该注意自己的行为,(比如,手机使用、问候和解决问题的方式)因为孩子们的行为是以成年人为榜样的。随着讨论的深入,许多人坦言,在忙碌的日常生活中,孩子和成年人往往都会忽略良好的礼仪。于是,教师们决定,这次的礼仪主题周将从教师做起,然后邀请学生们参与,通过教师们的模范行为来吸引他们加入。

💡 反馈

关于双赢法的反馈

我们家目前存在的一个冲突是，我在电子设备上花费了太多时间，比如，社交媒体、电子游戏或与朋友聊天。我觉得父母认为他们与我相处的时间越来越少，因为我总是想和朋友在一起，或者整天用手机与朋友聊天。我认为，至少对我的家人来说，主要问题是他们觉得我需要更多地关注他们——这是他们的需求，我能理解。而我的需求之一是与朋友聊天。所以，这就是最常见的问题——既要花时间陪父母，又要花时间陪朋友。我们还在尝试寻找一个持续可行的解决方案。具体实施还需因时而异，但我们目前基本上达成了这样的共识：在吃晚餐或一起外出时，我不能使用手机。

来自中国的约翰，他的父母使用 P.E.T. 方法养育他

在我父母家，当我父亲下班回家时，他总是把他的东西——包、外套、工作证——放在餐桌上。一进家门，第一个平面空间就是餐桌。他总是把东西放在那里，这真的很烦人。我们既不想挪动他的东西，又不想让他觉得我们被他烦到了，但那儿确实不是我母亲希望放这些东西的地方。

我们多次请求他不要把东西放在那里。后来，实际上花了好几年时间，我们终于意识到我们需要改变环境，因为他有在回到家后放下所有与工作相关的东西的需求,这样他在家才会感到自在。在意识到他的需求后,我们重新布置了客厅。我们在玄关的另一侧放了一张桌子。这是他的桌子,还配了一把椅子,没人会动他的东西——手机、包、报纸。至今已经过去10年了,他一直都很喜欢这个安排。

> 来自匈牙利的亚历克斯,他的父母使用 P.E.T. 方法养育他

我想养狗,我弟弟也想。我母亲有点想养狗,但她不想承担所有的工作。我和弟弟都愿意分担一些工作。最后,我们在墙上贴了一张表格。我们说:"周一和周二,由母亲负责喂狗和遛狗。"于是,我们做了一张表格,确保每个人都满意。在我们有了这张表格和让大家都满意的计划后,就养狗了,起名叫露娜。

我弟弟并没有完全遵守。有时轮到他负责时,他会说:"我不想做!"但后来他自愿成为狗的专属陪伴者,这也是一个非常重要的职责。我还是挺开心的,因为我觉得这绝对是利大于弊。这就好比"你是想要一只可以拥抱并且爱你的活生生的狗,偶尔可以出门遛它,还是不养狗"。现在,我们建立了一种新的规则,不再分配具体日期,而是我们四个人轮流。当我们都坐在客厅里,露娜按铃要出去时,我们会说:"本?"本是我弟弟。然后,他就带它出去了。有时露娜按铃时,是我母亲带它出去,下次是我,再下次是我父亲。我们都很满意,因为我们觉得这样对大家都很公平。这样一

来，我弟弟也不能说"不，没轮到我"了。我们对这个规则都很满意。在刚开始养狗的几周，我们还有点担心，随着我们进行了一轮后，至今大家仍然很乐意这么做。

来自美国的苏珊，她的父母使用 P.E.T. 方法养育她

我想应该是在我五岁的时候，幼儿园的一位舞蹈老师告诉我母亲，说我是一个和平使者，因为我在两个孩子打架时做了一些调解工作，帮助他们解决了问题。这对我来说很自然，但大人们看到却很惊奇。

来自匈牙利的芭芭拉，她的父母使用 P.E.T. 方法养育她

关于解决价值观冲突的反馈

我逐渐意识到，关于发型和着装方面，我们一直告诉他们应该怎么做，以便他们能融入我们的社交圈。我希望当我把他们介绍给我认识的商界人士时，他们看起来是得体的。可是，那不是他们的社交圈。他们是独立的个体，有权在他们自己的社交圈中自由行动，就像我在我的社交圈中一样。这对我来说是一种艰难的领悟。

来自美国的马克

我女儿很想在手臂上文身，但我不同意，并告诉她我的想法。一方面，我担心文身是永久的，她以后可能会为此感到后悔；另一

方面，也是更令我担忧的是，在她会见公司客户时，有些客户可能不喜欢文身，这可能会影响我们的业务。于是，我给她发送了一条我信息："我担心如果你在手臂上文身，客户看到后可能会有问题，从而影响我们的业务。"不过，这并没有改变她想要文身的强烈愿望。她想出了一个办法：在会见客户时穿长袖衣服，这样就可以把文身遮住了。这件事发生在几年前，现在这个解决方案仍然有效。

来自美国的杰西卡

Effective
Interaction

第 3 章

应用工具的导航图：
行为窗口

我们已经介绍了基于戈登博士理念的有效沟通工具。实际上，哪怕仅仅是了解这些工具，也能帮助一个人检视自己的社交行为，并发展其技能。不过，有时我们可能还是不清楚，到底在某种情况下使用哪种工具才能最有效地促进人际关系。为此，戈登开发了一个模型，以便我们在各种社交情境中找到方向。

在这个模型中，或者说所谓的"行为窗口"中，社交与情感技能需要结合不同的社交情境和他人的具体行为来使用。在戈登的这个模型中，行为指的是我们能看到他人所做的、听到他人所说的，或者通过触觉感受到他人所做的。**行为是实际发生的事情，而不是对他人的解读或评判**。比如，当丽莎在马特还在说话时开始说话，这是我们观察到的丽莎的行为。此时，我们常常会认为丽莎很不礼貌，这就不再是对其行为的描述，而是对其行为的评判。在发展社交与情感技能时，注意到这种区别是非常重要的，即根据对方的实际行为而不是我们自己的评判做出反应，这一点在人与人之间发生冲突时尤为重要，尤其是在使用面质性我信息时。

什么是行为窗口？每个人都像通过一个窗口在观察他人的所有行为，并对此感到接纳或不接纳。如果通过这个窗口观察到的行为不会引起我们的困扰，不会妨碍到我们的生活，那么我们对这些行为是可以接纳的。比如，一个学生在做作业、一个同事在运送我们需要的设备、配偶正在打扫卫生。有时，其他人的行为让我们无法接纳，这些行为阻碍了我们的行动，或者引发了我们的负面情绪。比如，我们正在指导的人迟到、一个同事未能完成共同约定的任务，或者孩子们在我们看最喜欢的电视节目时大声玩耍。接纳线（又称感受线）将我们观察到的他人的行为分为可接纳和不可接纳两种（见图 3-1）。

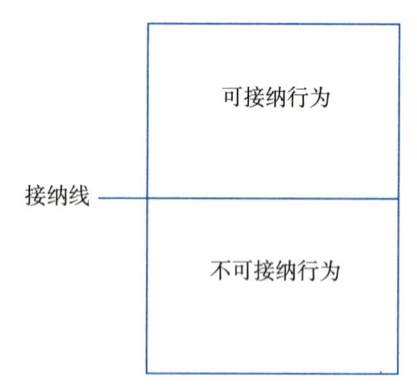

图 3-1 行为窗口——可接纳与不可接纳的他人行为

资料来源：Adams，1989；Gordon，2019.

行为窗口中的接纳线位置并不是固定不变的，它会受到以下三个因素的影响：

观察者自身的身心状态（比如，当时是否忙碌，是放松还是担忧）；

对被观察者的特点认知（比如，孩子的年龄，一个人的性别、性格、职业或职位）；

行为发生的环境（时间和地点）。

我们还应该认识到，不同的人在接纳线的位置上存在着差异。有些人天生接纳度高一些，能够接纳更多的行为，即使是那些让别人感到心烦的行为。人与人之间接纳度的不同，这很容易成为家庭或工作场所中的冲突来源。比如，教师对学生在课堂上讲话的接纳程度，或对学生课间活动中可接纳行为的看法，可能会存在很大的差异。

我们对他人的可接纳行为或不可接纳行为会有不同的反应。当他人的行为位于接纳线的下方时，我们会感到挫败和烦恼，我们的需求满足被妨碍了。因此，我们就会感到困扰。我们希望改变这种状况，并且应该采取行动。在这种情况下，我们可以利用面质技巧，即面质性我信息和换挡倾听。有时，我们与对方显然存在着冲突且都有困扰，即双方都不接纳对方的行为，且双方都不满意。在这种情况下，双方可以借助问题解决法，即双赢法和价值观冲突解决法（见图 3–2）。

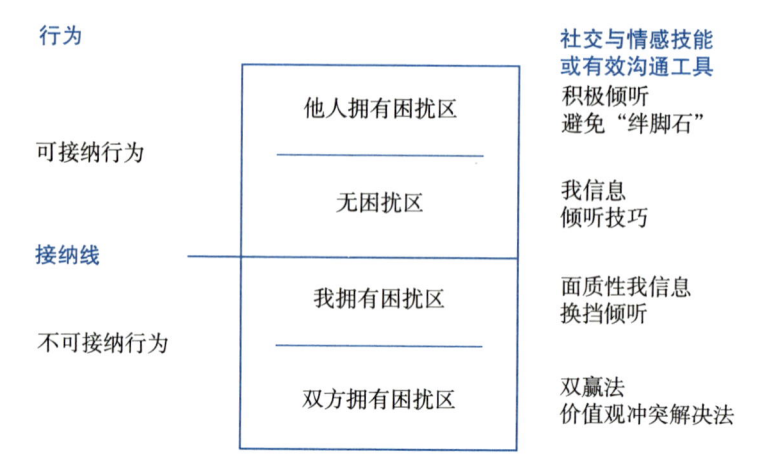

行为		社交与情感技能或有效沟通工具
可接纳行为	他人拥有困扰区	积极倾听 避免"绊脚石"
	无困扰区	我信息 倾听技巧
接纳线	我拥有困扰区	面质性我信息 换挡倾听
不可接纳行为	双方拥有困扰区	双赢法 价值观冲突解决法

图 3-2　行为窗口——在不同情况下帮助社交的工具

资料来源：Adams，1989；Gordon，2019.

当他人的行为位于接纳线的上方时，可能表明对方有困扰，比如，一个孩子在房间里哭泣，或者一个朋友抱怨工作环境不好。积极倾听是支持他人解决问题的技能，避免沟通绊脚石也是帮助他人处理问题的方法。

所有其他可接纳的行为位于窗口的无困扰区域，在这种情况下，人际关系中没有任何问题。比如，在无困扰区，学习和教学是最有效的。在这一合作区域，可以通过清晰的我信息和倾听技巧来支持。在人际关系中，我们试图尽可能丰富和扩大这个合作区域。当人们能够通过面质性我信息和其他问题解决方法解决冲突时，无困扰区也会扩大。

行为窗口还可以作为一张地图，帮助我们识别不同的社交情境，并了解困扰的归属。具体的社交情境决定了我们需要使用哪种人际沟通工具。这张地图帮助我们明确他人行为和交往情境所在的窗口区域，从而选择适合当下情况的技能，并运用这些技能采取行动。运用行为窗口，我们可以发展自己的判断力，关注自己的重要需求，并支持我们的人际关系。

有时很难区分困扰的归属，因为困扰往往是多方面的，涉及许多人。此时，合适的做法是先来思考谁最需要帮助，或者帮助谁才能开始解决困扰。常见的是，在处理困扰时，困扰会从一个人转移到另一个人。比如，如果我对他人的行为有困扰，那么当我告诉对方这个困扰时，困扰就转移给了对方。这时，对方必须决定如何应对这个困扰；反之亦然。比如，一个孩子哭了，是孩子有困扰。我去安慰他并倾听他的担忧，我了解到孩子被沙发下的玻璃碎片划伤了。困扰在这时转移到我身上，我立刻决定去清理这些碎片。

思考

审视你自己的接纳线及其变化：你能接纳他人的哪些行为？不能接纳哪些行为？为什么？

思考在社交情境中是谁有困扰，并使用哪种工具来应对和解决这个困扰。行为窗口如何帮助你？练习绘制行为窗口情境图，并在实际中使用这些工具。

停下来，重点审视你对那些行为常常在你接纳线下方的人的态度。为什么会这样？如何才能让你们的交往更加轻松？你能观察到这个人做了哪些让你感觉良好的事情吗？你能用肯定性我信息告诉他们吗？

接下来，你将有机会练习运用行为窗口的判断力。请思考以下每种情境，确定是谁处在困扰区或无困扰区，以及你在这种情况下会使用哪种社交与情感工具。请先自行思考，然后参考后文提供的建议。注意，我们每个人的接纳边界可能是不同的，因此对同一种行为的判断也可能不同，即对一个人来说不可接纳的行为，对另一个人来说可能是可接纳的；反之亦然。

1. 一位同事告诉你，他在工作中承受着巨大的压力，还有许多未完成的任务。
2. 一个需要团队共同完成的项目出了问题。开团队会议时，大家都沉默不语。
3. 一位朋友因为你说的话而生气。
4. 家庭成员对是否养宠物意见不一。
5. 一个重要的原则性问题需要你解决，但你无法取得进展。
6. 你回家后发现家里像被炸弹炸过一样，你气炸了。

7. 你想告诉你的同事，你非常喜欢他们为一本专业期刊写的一篇文章。
8. 一位青少年违反了宵禁。
9. 邻居滔滔不绝地讲述他姐姐的拉普兰德之旅，你已经积极倾听了。
10. 一位朋友以你无法接纳的方式谈论来芬兰的避难者。
11. 一位同事主动把你准备演讲材料时所需的网页链接转发给你。
12. 孩子因为你没有给他买糖而在商店的糖果架前大哭。
13. 你已长大成年的孙子经常参加派对，引发了家庭冲突。
14. 你的下属一而再再而三地缺席集体活动。

建议使用的工具如下：

1. 积极倾听、避免沟通绊脚石；
2. 积极倾听、面质性我信息、双赢法；
3. 积极倾听、换挡倾听；
4. 双赢法；
5. 积极自我倾听；
6. 我信息、避免沟通绊脚石；
7. 我信息；
8. 面质性我信息、换挡倾听、双赢法；

9. 面质性我信息；

10. 面质性我信息、换挡倾听、价值观冲突解决法；

11. 我信息；

12. 积极倾听；

13. 价值观冲突解决法；

14. 面质性我信息、换挡倾听。

💡 反馈

我喜欢"行为窗口"这个概念。我意识到，很多让我生气或让我反应过度的事情，其实根本不是我的困扰，甚至根本就不是困扰。

来自捷克的马丁

我认为对我帮助最大的是行为窗口和困扰归属。仅此一点就改变了我与工作伙伴、丈夫、孩子、姐妹和姻亲的相处方式。能够问自己"这是我的困扰吗"对我来说具有变革性的意义，因为这影响了我一天中有多大压力、思绪被什么占据、感到多大程度的内疚或不内疚，还有很多自我反思的内容。困扰归属真的很重要：它真的算是个困扰吗？它在我的接纳线上方还是下方？为什么会这样？仅仅是问自己这些问题、觉察自己，就能帮助我缓解压力。

来自博茨瓦纳的凯拉

它教会了我如何识别困扰归属。比如，这是谁的困扰？我很难不把别人的困扰当作自己的困扰。这对我来说非常困难。在这个方面，我还在努力改善。之前我总是把父亲的困扰当成自己的困扰，只要父亲有困扰，我就必须解决它，否则我无法休息。我会为此感到非常焦虑，这是非常糟糕的。

现在，当他有困扰时，我真的会避免介入。对我来说，很难做到说"好吧，这不是我的困扰，也不是我的问题。不要管它，这是他的困扰。他会因为某些事情而生气。这并不是我的错，为什么我要为此烦恼呢"。识别困扰归属确实在这方面帮助到了我。我非常感恩被这样的方式养育长大。

来自法国的米雷耶，他的母亲使用 P.E.T. 方法养育他

第 4 章

不同领域的社交与情感技能研究

社交与情感技能常被改革者和慈善者认为是次要的甚至是受质疑的技能。它们不像数学技能或读写技能那样，长期以来被作为学校课程的一部分。原因（或者说是结果）之一是，迄今为止，用于测量社交与情感技能的方法还相对较少。如今，社交与情感技能在工作场所、学校和家庭中得到了广泛认可，但关于社交技能能带来什么益处，以及如何（如果确实能的话）以尽可能高效的方式进行学习和教授，这些方面的研究仍然相对较少。

医疗行业中的研究

　　当我们特别讨论社交时，有一些关于医生培训的有趣研究。医生的社交技能被特别研究，其实不足为奇，因为他们有时会遇到需要以恰当方式来表达非常重要的消息的情况。比如，医生有时需要向患者传达非常糟糕的消息（比如严重疾病的进展），此时医生需要能够以足够的共情表达情况，给予患者反应的时间，并试着共情患者的经历，但又不过分卷入情绪中。有时，医生还需要对患者相当严格（比如，在重大手术前要求患者戒烟）。坚定自信所要求的技能与共情不同，但这两种特质对几乎所有为患者提供治疗的医生来说都是必不可少的。因为医生的工作越来越被视为患者与医生的共同努力，所以医生以能够吸引患者参与治疗过程的方式行事是非常重要的。毕竟，患者的积极性对于成功治疗至关重要。借助恰当的社交技能，娴熟的医生能够让患者尽一切可能参与对抗疾病的斗争。

人们在研究医生的社交时发现，那些原本对社交技能了解最少的医学生受益最多。研究还发现，与患者合作所需的核心社交技能可以相对快速地学会，甚至在一天之内就能掌握。**社交与情感技能并不是天生的，而是可以习得的，学习起来也不难**。不过，研究者强调，为了成功运用这些技能，课程之中必须包括实践。实践可以先用笔和纸进行，然后在小组中与其他学员进行，最后在实际生活情境中进行。研究还表明，社交与情感技能不同于骑自行车的技能，一旦学会骑车就不会忘记，而社交技能如果不时常回顾就会被遗忘（Aspegren，1999；Brown & Bylund，2008）。

研究者从对医生培训的研究中还发现，社交技能不能仅通过观察医生的某个单一行为（这些行为可能表示所谓的良好交流或差劲交流），然后在检查表上圈出来的方式进行衡量。**社交是一个更为复杂的整体，其中单一行为或使用某些词语或手势的意义非常有限**。使用检查表进行测量并不合适，因为它们没有考虑到社交情境总是涉及两个或更多人之间的独特互动。一个擅长社交的人会根据情境来选择恰当的社交技能。检查表忽略了我们社交情境中的灵活性，以及依据他人或情境需求行事的能力。在某些情况下，讲个笑话可能会使沟通停滞；而在另一些情况下，它可能是轻松沟通的关键。因此，从整体上评估社交才是合适的，且评估的对象是交往中的人的态度或立场，他们试图通过沟通表现出来。这种态度并不总是在个别词语的选择上可见，而是作为一个整体呈现，即不同的人如何交流，以及社交情境如何自然地进行（Regehr et al.，1998；Hodges & McIlroy，2003；Hodges et al.，1999）。通过学习和实践社交技能，人们会对自己在社交情境中的行为更有意识，从而可以根据情境的需要做出选择。

比如，在芬兰，对医生的社交技能培训已经进行了长期的研究并取得了显著成果。研究表明，社交技能非常重要，而且建设性的反馈在发展这些技能方面起到了关键作用（Pyörälä & Hietanen，2011）。此外，社交技能还在其他工作团体和朋友关系中得到了研究（Ruusuvuori & Peräkylä，2009；Ijäs-Kallio，Ruusuvuori，& Peräkylä，2010；Stevanovic & Peräkylä，2014）。

教育教学中的研究

在教育教学领域，关于如何培养和支持儿童的情绪调节能力、社会认知技能和积极行为习惯，已有大量的国际研究。研究结果表明，家庭和学校等环境因素尤其会影响儿童在社交中的表现。广泛的访谈研究还表明，具有社交与情感技能的学生在学科成绩上的表现往往优于其他学生（Durlak et al., 2011）。人们有时会认为教授社交与情感技能不是学校的职责，然而，这项研究结果证明，将其作为学校的一项基本教学任务是合理的，因为这些技能能促进学习。基于这一理念，以美国为例，目前已有许多提案建议将社交与情感技能纳入课程（Humphrey, 2013）。

关于儿童参与社交与情感技能发展项目及其对儿童影响的研究相当多。结果往往表明，儿童确实从社交技能培训中受益，但并非所有预期的效果都能实现（Gol-Guven, 2017）。这些研究往往非常复杂，因为必须考虑到学生并非生活在真空中，班级内关系的氛围还受到其他因素的影响（比如，学生转学、学生成长、教师变动，甚至是霉菌问题和空气质量问题）。通常，研究会通过选择一个除了接受培训外，其他方面与实验组尽可能相似的对照组来检验培训效果。如果结果显示接受培训的小组在班级气氛上的改善显著高于对照组，那么这种变化就可以归因于培训。

目前，有许多旨在发展儿童和青少年社交与情感技能的项目。遗憾的是，对这些项目培训效果的研究相对较少，因为研究费用昂贵，而且许多项目由各种志愿者和第三部门组织运行，他们更愿意将资金用于推广项目至更多人群，而不是用于研究项目的效果。因此，公共资金应被用于研究这些社交和生活管理项目，以获取多方面的信息，并助力这些项目的发展。

在芬兰进行的关于戈登的 Y.E.T. 培训的有效性研究中，发现了一个有趣且罕见的结果。由芬兰首都赫尔辛基市委托的专门研究（Autio & Sell，2006）显示，尽管 Y.E.T. 主要侧重于生活管理技能而非物质滥用教育，但参与该项目的一些有饮酒行为的女孩在 Y.E.T. 培训期间的饮酒量显著减少。尽管那些酒精摄入量的群体和男孩群体在统计学上没有显著变化，但总体趋势表明，Y.E.T. 培训减少了所有群体中青少年的酒精摄入情况。这些结果表明，**社交与情感技能项目对青少年的生活管理技能有积极影响**。进一步的研究显示，青少年认为社交技能课程给予了他们结识新朋友的勇气，从而在周末找到了其他活动，而不再是只在附近的公园喝啤酒。

这个结果非常有趣，因为即使在国际上，关于 Y.E.T. 培训对物质滥用影响的研究也很少。许多专家认为，社交与情感技能项目是预防物质滥用和心理健康问题的有效方案，比传统的物质滥用教育更有效。早在 21 世纪初期，有一项对国际狮子会"狮子探索"课程对吸烟和致幻剂使用影响的大规模研究（Eisen et al., 2002；Eisen, Zellman, & Murray, 2003）。研究结果显示，在参加"狮子探索"课程的青少年群体中，吸烟者和致幻剂使用者的比例显著低于对照组，无论是在一年后还是两年后。

社交技能培训的研究发现，这些项目的效果在很大程度上取决于它们在课堂中的具体实施情况。有时，项目内容会被缩减或修改，导致几乎失去其原有的理念，因而无法实现最初的目标。这可能是因为时间限制或是项目负责人未能充分了解项目的背景理念，因此，他们可能会忽略一些他们可能不理解但对学习或使用社交技能至关重要的部分。

奥地利研究人员玛莉丝·马蒂切克-乔克（Marlies Matichek-Jauk）和汉内洛蕾·瑞切尔（Hannelore Reicher）根据指导教师在"狮子探索"课程中投入的时间将其分为三组。研究结果表明，指导教师在该课程中投入的时间越多，学生从课程中获得的收益也越大（Matichek-Jauk, Krammer, & Reicher）。因此，尼尔·汉弗莱教授（Neil Humphrey，2013）建议，为了有效指导社交与情感技能培训，每位教师都应参与督导培训，全面了解培训项目的原则。结合优质的教材，可以确保高质量地教授青少年社交与情感技能。美国学术、社会和情感学习联合组织（CASEL）也建议对带领社交技能培训项目的教师进行培训。该组织由美国的专家创立，旨在促进社交与情感技能的发展，并对现有项目进行研究和评估。

在教育领域，还有一些关于戈登社交技能的研究。有三篇博士论文在教育学和体育教育学科中探讨了这些技能在综合学校学生（Kuusela，2005）、师范生（Klemola，2009）和在职教师（Talvio，2014）中的应用。库塞拉的博士论文（Kuusela，2005）研究了包含戈登社交技能培训的体育课程对学生的影响。在同一论文中，她还研究了戈登社交技能对教师的益处。学生们被鼓励去练习那些对他们有用的戈登技能，并在培训后感到自己的社交技能有所提升。教师则认为，使用戈登技能使自己的角色从控制者转变为促进学生幸福感的人。学生们被激发自行解决问题，因而他们的行为变得更加积极。运用这些技能可以帮助教师平等地与学生交流，并表达对他们的接纳，从而使学习氛围得到了积极的改善。

克莱莫拉（Klemola，2009；Klemola, Heikinaro-Johansson, & O'Sullivan，2013）为体育教师设计、实施并评估了基于戈登社交技能的学习模块。参与的学生和研究人员一致认为，这次培训在很多方面都很有效。学生们认为课程内容有用、丰富且重要。在研究的第二部分，学生们在教学实践中接受了另一门社交技能课程，重点是处理具有挑战性的情况。结果表明，学生们在实际生活中使用了所学的社交与情感技能，特别是倾听技巧。与此同时，学习社交技能也让教师培训生对成为一名教师的角色进行了深刻的思考。研究对比了传统教师角色与使用社交技能的教师的工作实践。社交技能培训因此引发了教师对自身身份和道德教育方式的深入反思。与库塞拉的研究一样，参与克莱莫拉研究的人也建议教师增加社交技能的学习。该研究在推动社交与情感技能培训方面具有重要影响，目前在芬兰于韦斯屈莱大学（University of Jyväskylä）学习的师范生中，这类培训比以前明显增多。

第三篇关于戈登社交技能的芬兰博士论文研究了在职教师参加T.E.T.培训课程的益处（Talvio，2014）。我（塔尔维奥）的研究对象是来自四所学校的教师，他们已经参加了该课程，还有同样数量的未参加课程的对照组教师。研究通过问卷调查在课程前后分别测量了教师对社交技能的理解和实际应用情况。对照组教师在相同时间段内回答了问卷。课程结束六个月后，研究进一步调查了参与课程教师对戈登社交技能实际应用的经验和看法。结果表明，参与课程的教师对社交技能的理解有所提升，在假设的挑战性情境中表现优于课程前。也就是说，他们能够将所学应用于与学生、同事和学生家长的实际沟通中。对照组在测量期间对社交技能的理解或实际应用没有变化。研究结果还表明，戈登技能得以在教师的记忆和行动模式中保留下来，教师们能够列出所学技能并描述如何应用这些技能。受访者认为该课程有益，并愿意推荐给他们的同事（Talvio，2014）。

上述芬兰博士论文中关于戈登社交技能研究结果的共同之处是，每篇论文都建议在教师培训中增加对社交技能的教学。每篇论文还指出，教师从社交技能的学习中受益匪浅，尤其是在干预学生行为和处理其他挑战性情境方面。研究参与者发现，在这些情况下，戈登社交技能非常实用。伯格（Berg）的研究也得出了类似的结果，他通过定性研究的方法研究了教师在包含戈登社交技能培训中反应的变化。研究结果表明，教师们在参加完培训后越来越多地使用积极倾听和建设性的方法来解决问题（Talvio，Berg，& Lonka，2014）。

近几十年来，尤其是师范生的社交与情感技能培训，其方法以及学员的学习体验受到了芬兰研究人员的关注。在塔加拉等人（Tynjälä et al., 2016）的研究中，调查了面向师范生的两门社交技能课程的教学质量。研究结果表明，学员们在这些课程中不仅学到了基本专业技能，还学到了职场通用技能和自主能力。在一门强调社交与情感技能、参与度和艺术的试验课程中，研究发现支持团体感的教学方法促进了参与培训的班主任和学科教师的职业发展（Kostiainen，Klemola，& Maylor，2017），还发现旨在发展社交技能的课程给学生们带来了重要的学习体验，可以促进学生们职场通用技能的发展（Kostiainen et al.，2018）。

针对教师的社交与情感技能学习的研究相对稀缺，这确实有些出人意料。原因之一可能是，大学在教授社交技能方面缺乏传统，这也使得研究者对其没有多大的兴趣。或许人们认为教师在履行教师职责的过程中自然会获得社交技能。原因之二可能是，社交与情感技能被视为教学的隐性知识，被视为最好在实际工作中学习（Jennings & Greenberg，2009；Elliot et al.，2011）。原因之三可能是，对社交与情感技能的学习研究本身并不容易，仅仅分析反馈无法揭示出参与者在课程中到底学到了什么。录像和观察确实是当今小组研究的很好的方式（Rubie-Davies，2007），但对于大规模群体而言，这些方式非常费时费力，而且只能提供视频拍摄范围之内或观察者视角所见的信息。不过，参与社交技能课程的人，无论是教师、管理者还是父母，都无法避免在不同且不可预见的情况下，与不同的人使用这些技能，这些情况是无法通过视频被全面记录下来的。此外，在教师职业中，应对挑战性社交情境尤为重要，但这些情境并不是连续发生的，因此，需要大量的视频素材才能记录到这些具有挑战性的情境。

在研究社交与情感技能的学习时，值得记住的是，单独使用定性或定量方法都无法全面描述学习过程。通过定性或定量相结合的研究方法，可以获得更丰富的学习过程和相关现象的信息。另一个挑战是，研究设计并不总是符合经典研究设计的所有要求（比如，很难找到合适的参与者）。

如前所述，芬兰对戈登技能的研究主要集中在青少年、学生和学校环境上。接下来，将研究范围扩大到家庭和职场将非常重要。芬兰最新推出的戈登课程是 L.E.T.，研究其对基层管理者和员工的益处将非常有意义。尽管已有关于 L.E.T. 技能及其他戈登技能的研究，但遗憾的是，仍然缺乏关于整个课程效果的广泛科学研究。根据现有领域的研究，人们在职场也能从戈登的 L.E.T. 课程中受益匪浅。这与戈登课程参与者的个人经验相符。

Effective
Interaction

第 5 章

沟通的基石：
态度和价值观

我们的态度在成功的社交中起着至关重要的作用。

一方面，我们对自己的态度决定了我们愿意在多大程度上进行自我审视，以及在交往中自我呈现。保持自我内外一致和开放并非易事。尽管我们可能会意识到自己的需求和情绪，但常常会将它们隐藏起来，有时这也是出于自我保护的需要。然而，从成功社交的角度来看，全力以赴是很有必要的，这样才能解决问题，确保良好关系。**表达自己并不是自私，而是与他人建立信任，进而构建安全和开放氛围的重要基础**。

另一方面，对待他人的态度同样重要。利用社交与情感技能能让人感受到被看见，这是每个人的需求。重要的是要记住，与他人的交往不仅仅是利用和掌控技巧的问题。**使用社交与情感技能需要以尊重他人和平等的态度为基础**。如果没有以尊重他人为目标，那么使用社交与情感技能在最坏的情况下可能会变成滥用权力甚至会成为操控的工具。

因此，在发展自己的社交技能时，应牢记对他人的尊重态度是非常重要的，这也是与他人交往的基石。即使我们学习了许多促进关系的技巧，也必须记住，这一切的基础是真诚地尊重和欣赏他人。当他人感受到被尊重和重视时，他们往往也会以同样的方式行事。有时，良好的态度甚至可以弥补社交技能的不足。借助社交与情感技能，我们可以确保在遇到问题情境时，仍能体现出对他人的尊重。

有时，保持对他人的尊重态度会让你感到困难——当他人的行为对关系有损害时，可能会让你产生恼怒、失望或其他使交往变得困难的情绪。在这种情况下，了解并有意识地运用社交技能是很有帮助的。对方的频繁迟到可能会让你感到恼火，但通过使用社交技能，可以以建设性的方式提出这个问题，这样就能使问题仅作为问题被处理，而不是针对迟到者个人进行批评。有时，良好态度的不足可以通过良好的社交技能来弥补。通过使用这些技巧，我们可以逐步向前推进，并逐渐调整我们的态度。

尊重他人的态度与共情、坦诚和真实的目标密切相关。卡尔·罗杰斯（Carl Rogers，1970；1983）在谈及他作为治疗师所使用的方法时，早已强调了这些特征。他的主要思想是，应尽一切可能鼓励来访者真实地表达自己。治疗师本人最好能做到真诚自然、言行一致。如果互动中有丝毫伪装，对方就会察觉到，信任也会因此消失。通过共情，治疗师旨在真正体验来访者前来治疗的诸如失望、痛苦和绝望等情绪。经过这种体验，治疗师可以更好地了解来访者的真实情况。追求坦诚意味着治疗师需要真实地呈现互动及其产生的问题对自己的影响，尽管他们同时还必须保持与来访者的边界。治疗师必须明白，来访者的困扰不是治疗师的困扰，他们不能为其承担，而是应通过治疗帮助来访者自己解决问题。

普通个体在练习社交与情感技能时，就能在自己的人际关系中受益于这些专业原则。以共情、真实和坦诚为目标来指导这些技巧的练习，这说起来容易做起来难，因为人际关系中过去和现在遇到的许多情境都会妨碍这种态度。比如，如何尊重一个频频冒犯或不公正对待他人的人？如何尊重一个总是用言语贬低他人的人？这些问题引导我们思考价值观和人性观。尽管我们可能无法认同他人的想法，但他人仍然拥有不可侵犯的尊严。运用社交与情感技能，或许可以在这些困难问题上开放讨论。尊重的态度引导我们靠近彼此，而不是将他人拒之门外，它寻求的是联结和对话（Buber，1937）。这需要勇气，并不总是很容易；相反，往往很困难。然而，尊重他人的态度可以带来追求更好事物的希望，包括更好的人际关系（Freire，1970）。

态度中还应包含在交往中尊重自己，并在尊重自己和他人之间找到平衡。这一思想类似于所谓的"黄金法则"，其核心理念是，**即使是在尊重和欣赏他人时，也不能忘记或贬低自己**。有时，那些帮助他人的人完全忽视了自己的需求，最终会感到精疲力竭。这种行为对任何人都没有益处。人们常常表现出帮助他人，但其根本动机（或许是无意识的）是为了帮助自己解决一些内在困扰。因此，要思考我们到底是基于他人的需求和期待在帮助他人，还是我们自己的需求在其中起着作用，这是很有必要的。意识到这些需求并在对话中坦诚地承认它们，是非常重要的。这也促进了对话中的信任氛围，使开放的交流变得更容易。

> 一名员工被发现存在严重的酗酒问题，因而人力资源经理不得不介入。这个情况非常尴尬的一点在于，这名员工经验丰富且知名度高，许多客户和同事都非常喜欢他。然而，他的酗酒问题变得越来越明显，人力资源经理开始寻找解决这个问题的方法。他向一些熟悉情况的朋友了解他们在为酗酒问题者提供帮助方面的经验。一位在另一家公司从事人力资源工作的朋友主动写了一封长邮件，提供了一些建议和技巧。这位朋友还打电话给这位人力资源经理，询问事情是否有进展。他表达得很明确：要摆脱有物质依赖问题的人，因为他们会搞砸业务；酗酒者会在你背后撒谎和搞阴谋。这位朋友还警告这位人力资源经理，只要这名员工留在公司，其他员工就会处于不安状态。
>
> 对于人力资源经理来说，这位朋友的建议和警告让他觉得不是很合适，并觉得过于夸张。此外，尽管这名员工的确有酗酒问题，但他仍然喜欢他也很欣赏他有着丰富的经验。人力资源经理向公司的职业健康医生咨询了如何处理这种情况。最终，他们与

> 这名员工和职业健康医生共同制订了一项行动计划，以便逐步引导这名员工实现戒酒目标。工作得到了改善，这名员工并没有被解雇。
>
> 人力资源经理后来才知道，那位给出严厉建议的朋友曾是一名酗酒者，并对自己的酗酒问题感到内疚。

有时我们可能会思考，进一步满足自己的需求、感受和目标是否自私。所谓的"享乐主义者"确实希望给自己带来短暂的快乐体验，他们从最高程度享受和最低程度痛苦的角度表达和满足自己的需求。他们对他人不是特别感兴趣，除非这些人以某种方式影响了他们的快乐满足。在戈登的理论中，倾听自己和向他人表达自己意味着我们追求沟通中的开放和清晰。同样，在社会情感学习的模型中，认识和满足自己的需求、感受和目标是创造成功社交的核心技能。

因此，社会情感学习以及使用社交工具的践行源于对自己和他人的尊重态度。**我很重要，你也很重要，我们都同样重要**。与他人交往的目标被视为一种价值和原则，它可以帮助我们应对日常情境，并促使我们使用社交与情感技能。

Effective
Interaction

第 6 章

社交与情感技能的终身学习

通过社会情感学习的各核心技能，并熟悉本书介绍的实用社交与情感技能，你可以显著提高自我认知并深化人际关系。这主要发生在认知层面，但将这些信息应用于实践可能依然具有挑战性。如果你希望在实际情境中成为一个人际交往的高手，那么你可能需要与他人一起练习和讨论。

学习社交与情感技能既有回报，又充满挑战。在你踏上这条道路后，你将迎来一段有趣的旅程。你从意识到自己的交往模式开始，逐渐觉察日常的言行方式。戈登的行为窗口提供了导航图，帮助你意识到当前所处的交往情境。你可以开始有意识地练习必要的社交与情感技能。起初，这些练习可能非常刻意，我信息和积极倾听的表达在一开始可能听起来奇怪、陌生甚至虚假。然而，坚持下去是值得的，成功的社交体验往往会激励你继续练习。

终身的社会情感学习之所以有趣，是因为你总能学到更多。你可以问自己：我是否能一直为生活中出现的新情况和遭遇时刻做好应对的准备？你往往需要后退几步，重新开始。这些社交与情感技能为什么值得练习？它们为什么重要？

学习社交与情感技能对你最亲近的关系尤其有帮助。通过这些技巧，**你可以学会更好地去爱**。通过我信息，你可以向亲近的人表达肯定，传达你对他们的爱；通过倾听，你可以帮助亲近的人，共同思考如何帮助他们解决他们所遇到的问题；运用这些交往工具，可以维系关系中的真诚。你有权表达你的感受和需求，对方亦然。坦诚的沟通技巧避免了猜测和误解。模糊的沟通常常导致关系中的权力斗争，在这种斗争中，参与者很快将自己和他人逼入困境；在这种权力斗争的氛围中，当你的需求持续被忽略时，你很容易变得愤懑。

在养育孩子的过程中，人际交往技能起到了显著的支持作用。教育者还负有为孩子或学生提供社交与情感工具的责任。即使是帮助孩子构建情绪词汇，也需要成年人对情绪的言语化表达来传递。**教育者始终是行为的榜样，成年人在表达或不表达情绪的方式上本身就是榜样**，他们将示范如何处理冲突——是面对它们，还是将其掩盖？作为榜样的责任有时会让人有压力。不过，教育者也可以成为这样的榜样：**我们不必完美，而是可以允许自己保持"未完成"的状态**。教育者可以和孩子一起练习社交与情感技能，渐渐地，教育者可以练习自认为最具挑战性的技能——无论是倾听还是表达自己的想法。

社交与情感技能在职场中同样有其重要地位和价值。现在如此，未来更是这样，因为在未来所需的技能中，其中有一些正是本书中介绍并强调练习的社交与情感技能。在工作中，我们每天会遇到许多来自不同背景的人并与之合作。人与人之间的差异总会给交往带来挑战，也增加了使用社交与情感技能的必要性。上司和同事将越来越少地与我们近距离地工作，而是可能来自完全不同的文化，距离我们千里之外。工作将由许多短期项目组成，而不再是由一个雇主提供的长期全职任务。这些变化都要求人们改变彼此之间的沟通方式。练习使用交往工具，能帮助我们应对新的情境。

职场中的关系问题是一个不可避免的现实。长期的人际矛盾和冲突会严重消耗我们的资源。遗憾的是，这些问题普遍存在，往往很难说清楚持续多年的分歧最初是如何开始的。运用社交与情感技能，我们可以规避尴尬局面，即使出现了这种局面，我们也能清醒应对，从而继续前进。有时，即使是在前往可能产生尴尬的会议或讨论途中，我们也需要提醒自己"记得倾听"。在那些复杂情境中，倾听他人可以让整体情况更加明朗，解决问题也会变得更加容易。与此同时，通过使用我信息，我们可以在讨论中表达自己的观点、期望或决定，而不是事后抱怨；还可以帮助我们以建设性的方式为自己的需求负责。清晰、坦诚的沟通有助于营造良好的工作氛围，这对提升工作幸福感非常重要，值得管理层和员工共同努力。在生活的各个方面（包括工作），遵循"我们总能为他人做一些美好的事"这一建议是值得的。

请回顾本书开篇用来引导你了解社会情感学习的组成部分的小测试，现在让我们更详细地看看这些情况，并试着从社交工具中找到解决方案。

▶ "**我时常在想，我应该如何看待当前出现的情况**。"许多问题可能让人困惑，但我们仍然必须对其表明态度或以某种方式做出回应。在社交工具中，积极自我倾听可以帮助我们澄清自己的状况：我在想什么？我知道什么、不知道什么？我对这件事的感受是什么？倾听自己和倾听他人同样重要。我们可以也应该倾听自己的情绪、想法、需求和目标。

▶ "**我时常在想，为什么我会有这种感受，这种感受是从哪里来的**。"情绪冰山理论有助于我们澄清那些潜藏在表面下的感受。比如，我生气背后的原因是什么？是因为失望，还是对事情停滞不前感到极度挫败？或者我经历了其他感受，或是多种感受交织在一起？我该如何用语言表达我的情绪？情绪词汇表可以帮助我们觉察情绪并增加我们的情绪词汇量。

▶ "**我时常在想，我该如何更好地表达自己并满足自己的需求**。"通过积极自我倾听，我们能意识到自己的价值观、需求、感受、期望和想法。用我信息将这些表达出来是很有帮助的。当我们听到自己明确说出自己的期望和需求时，也获得了实现它们的力量。

- **"我很容易感到自己被忽视或冷落，在对话中我经常会觉得自己被忽略，无法表达自己的真正想法。"** 尤其是在与那些习惯强烈表达自己意见的人在一起时，我们很容易变得语塞，无法表达自己的想法或观点。这时，我们可能会感到烦恼，继而担心自己会说出一些不够具有建设性的话。练习和使用我信息可以帮助我们为自己发声："在我看来，这件事还有另一面……""我认为……很重要。"当他人的行为妨碍我们按照自己的需求和期望行事时，我们也可以使用面质性我信息。

- **"在对话结束后，我时常在想，对方究竟想告诉我什么。"** 倾听技巧帮助我们确认所听到的内容并理解他人的想法。我们可以通过积极倾听来核实自己的理解："我是否正确地理解了你的意思，对于你来说，关键是……"尤其是在有情绪的交往情境中，积极倾听可以帮助说话者和倾听者更好地理解彼此，从而在关系中创造出共情的空间。

- **"我在不同群体中的行为有很大差异，我觉得这很奇怪。"** 了解团体的发展阶段和角色有助于我们理解自己在团体中的行为。营造团体内的安全感非常重要，这可以由指导者和团队成员共同完成。在社交工具中，使用我信息和倾听技巧可以促进联结和合作。当出现问题时，我们可以使用面质性我信息坦率沟通，并倾听此时自己和他人产生的情绪。在团队成员中使用肯定性我信息可以营造愉快的氛围，增加合作的动力。

- **"我有时会想，做出的这个决策是否公平。"** 如果决策是在没有充分听取各方意见的情况下做出的，就有可能被认为是不公平的。为了确保决策的公平性，我们可以在提出决策建议后，检查是否考虑到了所有当事方的需求。如果没有，就要思考是否可以修改决策以考虑到所有人的需求。双赢法的理念是，一旦双方都表达了他们的需求和期望，就容易找到适合双方的解决方案。

参考文献

Adams L. (1989). Be your best. New York: The Putnam Publishing Group.

Adams L., Emmons S., Denslow K.K., & Tyrrell P. (2006).Instructor guide for Dr. Thomas Gor- don's Parent Effectiveness Training. Solana Beach: Gordon Training International.

Adams L., Denslow K.K., Emmons S., Tyrrell, P., Miller K, & Burch N. (2013). Dr. Thomas Gor-don's Parent Effectiveness Training.Instructor guide.Solana Beach: Gordon Training International.

Adams L., Adams M., & Emmons S. (2016).Gordon Training International presents YET instructor guide.Solana Beach: Gordon Training International.

Aspegren K. (1999). BEME guide no. 2: Teaching and learning communication skills in medicine-a review. Medical Teacher, 21 (6), 563-570.

Autio K. & Sell A. (eds.)(2006). Klaaraako Nuisku?Nuorten

ihmissuhdetaitokurssin vaikutusten arviointi osana Klaari Helsingin ehkäisevää päihdetyötä. [Does YET work? The evaluation of the Youth Effectiveness Training as a part of preventive youth work called 'Klaari']. The Urban Research and Statistics Unit at Helsinki City Executive Office 2006: 3.

Avolio B. J., Walumbwa F. O., & Weber T. J.（2009）.Leadership: Current theories, research, and future directions. Annual Review of Psychology, 60, 421-449.

Bandura A.（1977）. Social learning theory. Englewood Cliffs, NJ: Prentice Hall.

Bandura A.（1986）.Social foundations of thought and action: A social cognitive theory. Englewood Cliffs, NJ: Prentice-Hall.Berndt, T. J.（2002）.Friendship quality and social development. Current Directions in Psychological Science, 11（1）, 7-10.

Bippus A. M., & Young, S. L.（2005）.Owning your emotions: Reactions to expressions of self-ver-sus other-attributed positive and negative emotions. Journal of Applied Communication Research, 33（1）, 26-45.

Brekelmans J. M. G., Mainhard T., Brok den P. J., & Wubbels T.（2011）. Teacher control and affiliation: Do students and teachers agree? Journal of Classroom Interaction, 46（1）, 17-26.

Brendgen M., Vitaro F., Bukowski W. M., Dionne G., Tremblay R. E., & Boivin M.（2013）. Can friends protect genetically vulnerable children from depression? Development and Psychopathology, 25（2）, 277-289.

Brown R. F., & Bylund C. L.（2008）. Communication skills training: Describing a new conceptual model. Academic Medicine, 83（1）, 37-44.

Buber M. (1937) .I and Thou.Translated by Smith, Ronald Gregor. Edinburgh: T. & T. ClarkBuber, M.(1970) . I and Thou.

Bukowski W. M., Hoza B., & Boivin M. (1994). Measuring friendship quality during pre-and early adolescence: The development and psychometric properties of the friendship qualities scale. Journal of Social and Personal, 11 (3), 471-484.

Casel. (2017). What is SEL? http://www.casel.org/what-is-sel/ (read 30.8.2017).

Davies A., Fidler D., & Gorbis M. (2011) .Future work skills 2020. Palo Alto, CA: Institute for the Future for University of Phoenix Research Institute.

Dolev N. & Leshem S. (2017) .Developing emotional intelligence among teachers. Teacher Development, 21 (81), 21-39.

Durlak J. A., Weissberg R. P., Dymnicki A. B., Taylor R. D., & Schellinger K. B. (2011). The impact of enhancing students' social and emotional learning: A meta-analysis of school based universal interventions. Child Development, 82 (1), 405–432.

Eisen M., Zellman G. L., Massett H. A., & Murray D. M. (2002) .Evaluating the Lions-Quest "Skills for adolescence" drug education program: First-year behavior outcomes. Addictive Behaviors, 27, 619-632.

Eisen M., Zellman G. L., & Murray D. M. (2003) .Evaluating the Lions-Quest "Skills for adolescence" drug education program: Second-year behavior outcomes. Addictive Behaviors, 28, 883-897.

Elias M., Zins J., Weissberg R., Frey K., Greenberg M., Haynes N., Kessler R., Schwabstone M., & Schiver T. (1997). Promoting social and emotional learning. Alexandria, VA: ASCD.

Elliott J. G., Stemler S. E., Sternberg R. J., Grigorenko E. L., & Hoffman N. (2011).The socially skilled teacher and the development of tacit knowledge. British Educational Research Journal, 37 (1), 1-21.

Finnish National Agency for Education (2016).National Core Curriculum for Basic Education 2014. https: //peda.net/id/f57dbbc0743.

Fogel A. (1993).Developing through relationships: Origins of communication, self, and culture. New York: Harvester Wheatsheaf.

Forsblom K., Konttinen N.Weinberg R.Matilainen P. & Lintunen T. (2019). Perceived goal setting practices across a competitive season. International Journal of Sports Science & Coaching 14(6), 765-778.

Freire P. (1970).Pedagogy of the Oppressed. New York: Herder & Herder.

Gol-Guven M. (2017). The effectiveness of the Lions Quest Program: Skills for growing on school climate, students' behaviours, perceptions of school, and conflict resolution skills. European Early Childhood Education Research Journal, 25 (4), 575-594.

Goleman D. (2006). Social intelligence: The new science of human relationships. Bantam Books.

Gordon T. (2019). P.E.T., Parent effectiveness training: The tested new way to raise responsible chil- dren. 30th ed. New York: Random House.

Gordon T. (2003). Teacher effectiveness training. New York: Three rivers press.

Greenberg M. T., Weissberg R. P., O Brien M. U., Zins J. E., Fredericks L., Resnik H., & Elias M. J. (2003).Enhancing school-based prevention and youth development through coordinated social, emotional, and academic learning. American Psychologist, 58, 466-474.

Hakkarainen K., Palonen T., Paavola S., & Lehtinen E. (2004). Communities of networked expertise: Professional and educational perspectives. Oxford: Elsevier.

Hill W. F., & Gruner L. (1973).A study of development in open and closed groups. Small Group Behavior, 4 (3), 355-381. 31.

Hodges B., & McIlroy J. H. (2003). Analytic global OSCE ratings are sensitive to level of training. Medical Education, 37 (11), 1012-1016.

Hodges B., Regehr G., McNaughton N., Tiberius R., & Hanson M. (1999). OSCE checklists do not capture increasing levels of expertise. Academic Medicine, 74 (10), 1129-1134.

Humphrey N. (2013).Social and emotional learning: A critical appraisal. Sage.

Ijäs-Kallio T., Ruusuvuori J., & Peräkylä A. (2010).Patient resistance towards diagnosis in primary care: Implications for concordance. Health, 14 (5), 505-522.

Jennings P. A. & Greenberg M. T. (2009).The prosocial classroom: Teacher social and emotional competence in relation to student and classroom outcomes. Review of Educational Research, 79 (1), 491-525.

Khallash S., & Kruse M. (2012).The future of work and work-life balance 2025. Futures, 44 (7), 678-686.

Klemola U.(2009).Opettajaksi opiskelevien vuorovaikutustaitojen kehittäminen liikunnan ain- eenopettajakoulutuksessa. [Developing student teachers' social interaction skills in physical educa- tion teacher education]. Studies in sport, physical education and health 139. University of Jyväskylä. Doctoral

Dissertation.

Klemola U., Heikinaro-Johansson P., & O'Sullivan M. (2013). Physical education student teachers' perceptions of applying knowledge and skills about emotional understanding in PETE in a one-year teaching practicum. Physical Education and Sport Pedagogy, 18 (1), 28-41.

Kohn A. (2006). Beyond discipline: From compliance to community. Alexandria, VA: Association for Supervision and Curriculum Development.

Kostiainen E., Klemola U., & Maylor U. (2017). Searching for the roots of democracy – Collabora- tive intervention in teacher education. In A. Raiker & M. Rautiainen (eds.), Educating for democracy in England and Finland. Principles and culture (s. 54-68). London: Routledge.

Kostiainen E., Ukskoski T., Ruohotie-Lyhty M., Kauppinen M., Kainulainen J., & Mäkinen T. (2018). Meaningful learning in teacher education. Teaching and Teacher Education, 71 (April), 66-77. HYPERLINK "https://doi.org/10.1016/j.tate.2017.12.009" doi: 10.1016/j.tate.2017.12.009

Kuusela M. (2005). Sosioemotionaalisten taitojen harjaannuttaminen, oppiminen ja käyttäminen pe- rusopetuksen kahdeksannen luokan tyttöjen liikuntatunneilla. [Practice, learning and use of social and emotional skills in physical education classes for eighth grade girls.]. Doctoral dissertation. Jy- väskylä: LIKES.

Leroy N., Bressoux P., Sarrazin P., & Trouilloud D. (2007). Impact of teachers' implicit theories and perceived pressures on the establishment of an autonomy supportive climate. European Journal of Psychology of Education – EJPE (Instituto Superior De Psicologia Aplicada), 22 (4), 529-545.

Lintunen T., & Gould D. (2014).Developing social and emotional skills. Teoksessa A. Papaioannou & D. Hackfort (toim.), Routledge companion to sport and exercise psychology. Global perspectives and fundamental concepts(s. 621-635). London: Routledge.

Lonka K., Makkonen J., Berg M., Talvio M., Maksniemi E., Kruskopf M., ... & Westling, S. K.(2018). Phenomenal learning from Finland. Edita.

Matischek-Jauk M., Krammer G., & Reicher H. (2018).The life-skills program Lions Quest in Austrian schools: implementation and outcomes. Health Promotion International, 33 (6), 1022–1032. doi: 10.1093/heapro/dax050.

Mullola S., Hintsanen M., & Keltikangas-Järvinen L. (2015).Temperament and Motivation. In J. Wright: International Encyclopedia of the Social & Behavioral Sciences. 2nd Edition (pp. 184-190). Amsterdam: Elsevier. https: //doi.org/10.1016/B978-0-08-097086-8.26065-0.

Regehr G., MacRae H., Reznick R. K., & Szalay D. (1998).Comparing the psychometric proper- ties of checklists and global rating scales for assessing performance on an OSCE-format examination. Academic Medicine, 73 (9), 993-997.

Rogers C. (1970). On becoming a person: A therapists' view of psychotherapy. Boston, MA: Houghton Mifflin.

Rogers C. (1983). Freedom to learn for 80's. Columbus, OH: Merrill.

Rovio E., Arvinen-Barrow M., Weigand A. D., Eskola J., & Lintunen T. (2010). Team building in sport: A narrative review of the program effectiveness, current methods, and theoretical under-pinnings.Athletic Insight, 2 (2), 147-164.https: //www.novapublishers.com/catalog/

product_info. php?products_id=13736.

Rubie-Davies, C. (2007). Classroom interactions: Exploring the practices of high- and low-expecta- tion teachers. British Journal of Educational Psychology, 77 (2), 289-306.

Ruusuvuori J., & Peräkylä A. (2009).Facial and verbal expressions in assessing stories and topics. Research on Language and Social Interaction, 42 (4), 377-394.

Stevanovic M., & Peräkylä A. (2014). Three orders in the organization of human action: On the interface between knowledge, power, and emotion in interaction and social relations. Language in Society, 43 (2), 185-207.

Talvio M. (2014). How do teachers benefit from training on interaction skills? Developing and utilis- ing an instrument to evaluate teachers' social and emotional learning. Doctoral dissertation. Univer- sity of Helsinki, Finland. Available: http: //urn.fi/URN: ISBN: 978-951-51-0188-4.

Talvio M., Berg M., Ketonen E., Komulainen E., & Lonka K. (2015). Progress in teachers' readi- ness to promote positive youth development among students during the Lions Quest teaching work- shop. Journal of Education and Training Studies, 3 (6), 1-13.

Talvio M., Berg M., Litmanen T., & Lonka K. (2016).The benefits of teachers' workshops on their social and emotional intelligence in four countries. Creative Education, 7, 2803-2819.

Talvio M., Berg M., & Lonka K. (2015).How does continuing training on social interaction skills benefit teachers? Procedia-Social and Behavioral Sciences, 171, 820-829.

Taormina R. J. & Law C. (2000). Approaches to preventing burnout: The effects of personal stress management and organizational socialization. Journal of Nursing Management, 8（2）, 89-99.

Teacher Effectiveness Training. Instructor guide（2013）.Solana Beach: Gordon Training Interna- tional.

Terve oppiva mieli [Healthy learning mind]（2017）. available https://www.terveoppivamieli.fi/en/

Trilling B., & Fadel C.（2009）. 21st century skills: Learning for life in our times. John Wiley & Sons.

Tuckman B. W.（1965）.Developmental sequence in small groups. Psychological Bulletin, 63（6）, 384-399.

Tynjälä P., Virtanen A., Klemola U., Kostiainen E., & Rasku-Puttonen H.（2016）. Developing social competence and other generic skills in teacher education: Applying the model of integrative pedagogy. European Journal of Teacher Education, 39（3）, 368-387. http://www.tandfonline.com/doi/ full/10.1080/02619768.2016.1171314（luettu 18.9.2017）. 77

Upadyaya K., Vartiainen M., & Salmela-Aro K.（2016）. From job demands and resources to work engagement, burnout, life satisfaction, depressive symptoms, and occupational health. Burnout Re- search, 3（4）, 101-108.

Vygotski L. S.（1978）. Mind in society: The development of higher psychological processes. Cam- bridge, MA: Harvard University Press.

Vygotsky L. S.（1962）. Thought and language. Cambridge, MA: MIT Press.

Wenger W.（1998）. Communities of practice: Learning, meaning and identity. Cambridge: Cam- bridge University Press.

Youth Effectiveness Training, instructor guide.（2016）. Solana Beach: Gordon Training International.

First published by Kai Markus Talvio & Ulla Kristiina Klemola in Finnish Toimiva vuorovaikutus @ 2017 and then translated into English under the title: Effective Interaction.

This translation into simplified Chinese will be created by China Renmin University Press. Kai Markus Talvio & Ulla Kristiina Klemola are notresponsible for the quality of this translation.

All rights for this simplified Chinese translation are reserved by the Publisher.

CHINESE SIMPLIFIED language edition published by CHINA RENMIN UNIVERSITY PRESS CO.,LTD.,Copyright ©2025.

本书中文简体字版由 Kai Markus Talvio & Ulla Kristiina Klemola 授权中国人民大学出版社在中华人民共和国境内（不包括台湾地区、香港特别行政区和澳门特别行政区）出版发行。未经出版者书面许可，不得以任何形式复制或抄袭本书的任何部分。

版权所有，侵权必究。